Version 3

CONTENTS SECTIONS

Page	5	QR Code to access Sound Files and Answer Key
Page	6	Alphabet and Sounds - Basic
Page	14	Language and Grammar - Introduction
Page	33	Easy Dialogues - and language use explained.
Page	67	Doggielogues - Give your reading a workout!
Page	79	Word Bank - To get you started.
Page	94	Speaking Activities and Revision
Page	106	Rules of the Monotonic System – Dr Alfred Vincent
Page	110	Track your progress

Learn Greek! You owe it to yourself!

ABOUT THE AUTHOR
Teacher, Songwriter & Author

Eleni Elefterias-Kostakidis is an experienced and qualified teacher of Modern Greek with extensive experience teaching Greek to adults University Beginner's level and High School to HSC level. She is the author of a number of bilingual children's books and has edited the book "Whose is this Song? Balkan Nationalism, Greece and Shared Culture. She is currently a PhD Candidate at UTS in Creative Writing Non-Fiction.

Dedication

This book is dedicated to my children, Bill, Elli and Christos, my grandchildren and all my students past and present.

Acknowledgements

I would like to acknowledge Dr Panayota Nazou & Dr Alfred Vincent for their advice and help with the editing of this book. Also, thank you to my son Christos Kyvetos-Kostakidis for his editing help and suggestions and to my good friends and students Paul Hofstetter, Ross Leighton and Yannis Mageros for their editing and suggestions.

This guide is produced by Hellenic Theorem Books, also known as Hellenic Theorem Publishing & Projects, and may not be copied or reproduced. All resources in this book are copyright to the creator, Eleni Elefterias © 2025
Visit
www.hellenictheorembooks.com.au

ABOUT THIS BOOK
Bilingual Modern Greek
Beginner's Course Part 1

This is a **Greek - English Bilingual Book** and is part of an introductory series of learning guides specifically for beginners whose dominant language is English and who want to learn to read, write, speak and understand the Greek language. Tutors may also use this book with their beginner students. It is suitable for teenage students, young adults or anyone of any age wishing to learn the language.

You do not have to start from the beginning of the book or from the language and grammar sections. You can start from the dialogues. You choose what is comfortable for you. The Word Bank pages and Monotonic System Rules have been added as useful resources.

This book includes a pronunciation guide for all sounds and the Greek alphabet, as well as a **QR Code** to help with listening skills and to access the answers for all exercises.

It is the fun way of learning Greek, one stage at a time.

The contents include dialogues & conversations, language & grammar skills, writing and speaking skills activities, a comprehensive beginner's Word Bank and the RULES FOR THE MONOTONIC SYSTEM taken from the work of Dr Alfred Vincent.

Hellenic Theorem Publications is specifically set up to promote the Greek language and we would appreciate any feedback on how we can improve this course at **info@hellenictheorembooks.com.au** Also, please consider leaving a review via our website.
Καλή Αρχή!

Eleni Elefterias
www.hellenictheorembooks.com.au

QR CODE
TO ACCESS LISTENING FILES
CLICK ON QR CODE OR VISIT OUR WEBSITE
www.hellenictheorembooks.com.au
FOR ACCESS to all teaching materials and answer booklet. You will have to set up an account login. Please email info@hellenictheorembooks.com.au and ask for access to *I Want to Learn Greek Book 1*.

This book also includes some fun stories from our **Doggielogues Greek Reader**, which is also available as a separate booklet with many more similar stories with activities. Much of the language in this part of the book is for those who already know some Greek and want to read something more challenging.

SOME FACTS

We have made Greek easier to start reading by colour-coding key words.

Although a pronunciation guide to the alphabet and sounds is provided, you are advised to listen to the sound files accessible via the QR Code to get the exact pronunciation.

Once the alphabet and sounds are mastered, reading is easy. Long words can be split into syllables to make them easier to read.

This is the first book for teenage to adult beginners in the *ΘΕΛΩ ΝΑ ΜΑΘΩ ΕΛΛΗΝΙΚΑ* (**I WANT TO LEARN GREEK**) series and is followed by more in-depth courses for those who wish to continue on their Greek learning journey.

All books are available at
www.hellenictheorembooks.com.au

ALPHABET & SOUNDS

The Greek Alphabet

Α α	**alpha** as in up
Β β	**vita** as in van
Γ γ	**yama** as in yeah and gho
Δ δ	**thelta** - hard th as in that
Ε ε	**epsilon** as in empty
Ζ ζ	**zita** as in zeal
Η η	**ita** as in ink
Θ θ	**thita** - soft th as in thank you
Ι ι	**yiota** as in it
Κ κ	**kapa** as in cat
Λ λ	**lamtha** as in lemon
Μ μ	**mi** as in mum
Ν ν	**ni** as in nun
Ξ ξ	**ksi** as in fox
Ο ο	**omikron** as in on
Π π	**pi** as in pickle
Ρ ρ	**ro** as in roast
Σ σ ς	**sigma** as in sister
Τ τ	**tuff** as in tough
Υ υ	**ipsilon** as igloo
Φ φ	**fi** as in fist
Χ χ	**hi** as in he and ho
Ψ ψ	**psi** as in lapse
Ω ω	**omega** as in on

The Greek sounds

αι	ai sounds like e as in egg
ει	ei sounds like i as in India
οι	oi sounds like i as in India
ου	oo as in tool
αυ	af as in after
αυ	Also, av as in have
ευ	ef as in effect
ευ	Also, ev as in every
γγ	ng as in angle, also g as in gang
γκ	g as in garage OR ng as in angle
μπ	b as in baby
ντ	d as in dad, or nd as in and
τσ	ts as in hits
τζ	tz as in adze
γχ	ngh as in sing or just n-h

The vowel letters

α	ε	ι	η	υ	ο	ω
Α	Ε	Ι	Η	Υ	Ο	Ω

The double vowel letters

αι	ει	οι	ου
αυ	αυ	ευ	ευ

All the 'i' letters represent the same sound: **η, ι, υ, ει, οι**
examples:

ήταν = was, παιδί = child, υγεία = health, άνθρωποι = people

ε and **αι** both represent the same sound:

examples: έλα = come, αίμα = blood

A diaeresis (¨) is used when the sounds are pronounced separately. See Monotonic Rules p.108.

αϊ	Pronounced as α - ι For example: το γαϊδουράκι
εϊ	Pronounced as ε - ι
έι	When the first letter is accented then the diaeresis is not needed. ie. μέιλ
άι	For example: ο γάιδαρος

Αυ (Αβ & Αφ) και Ευ (Εβ & Εφ)

These combinations may be confusing for beginners.
The **αυ** as in **αύ**ριο is pronounced **(άβριο)** as an uv.
The **αυ** as in **αυ**τό is pronounced **(αφτό)** as an uf.
The **ευ** as in **Ευ**ρώπη is pronounced **(εβρόπη)** as an ev.
The **ευ** as in **ευ**χαριστώ is pronounced **(εφχαριστώ)** as ef.
Mostly this is picked up as you learn vocabulary and in speaking; however, below is the key to when you use each one.

They represent av(αυ) or ev (ευ) when followed by a vowel or a voiced consonant : β, γ, δ, ζ, λ, μ, ν, ρ.
But af (αυ) or ef (ευ) when followed by a voiceless consonant such as : θ, κ, ξ, π, σ, τ, φ, χ, ψ. See the examples below. Accents are shown in the English words with the colour red.

αυ (αβ) (av)	αύριο, θαύμα, τραύμα, μαύρο	av-ri-o, thav-ma, trav-ma, mav-ro	tomorrow, miracle, trauma (wound), black
αυ (αφ) (af)	αυτοκίνητο, αυτός, αυτί, καυτό	af-to-ki-ni-to, af-tos, af-ti, kaf-to	car he, him ear burning hot
ευ (εβ) (ev)	Ευρώπη, Ευριπίδης ευλογία, γεύμα,	Ev-ro-pi, Eu-ri-pi-dis, ev-lo-gi-a, yev-ma	Europe Euripides blessing meal
ευ (εφ) (ef)	ευτυχώς, πεύκο ευχαριστώ, Δευτέρα	ef-ti-hos, pef-ko, ef-ha-ris-to, Thef-te-ra	luckily, pine tree thank you Monday

To practise your sounds please read Doggilogue 1 and then Complete Activity 1 in Activity / Revision Section

Practise your sounds

This exercise is an example of how to add letters to create the different sounds. These are not the only sounds but some examples.

EN	→	a	e	i	i	o	o	oo	e	i
↓	GR	α	ε	ι	η	ο	ω	ου	αι	ει
v	β	βα	βε	βι	βη	βο	βω	βου	βαι	βει
gh	γ	γα	γε	γι	γη	γο	γω	γου	γαι	γει
th (h)	δ	δα	δε	δι	δη	δο	δω	δου	δαι	δει
z	ζ	ζα	ζε	ζι	ζη	ζο	ζω	ζου	ζαι	ζει
th (s)	θ	θα	θε	θι	θη	θο	θω	θου	θαι	θει
k	κ	κα	κε	κι	κη	κο	κω	κου	και	κει
l	λ	λα	λε	λι	λη	λο	λω	λου	λαι	λει
m	μ	μα	με	μι	μη	μο	μω	μου	μαι	μει
n	ν	να	νε	νι	νη	νο	νω	νου	ναι	νει
ks	ξ	ξα	ξε	ξι	ξη	ξο	ξω	ξου	ξαι	ξει

Add the rest of the letters and continue the exercise using all the consonants on the left vertical column and all the vowel combinations on the top horizontal column and say them out loud. Available as a listening file.

Practise your sounds con't.

This exercise is an example of how to add letters to create the different sounds. These are not the only sounds but some examples.

EN	→	a	e	i	i	o	o	oo	e	i
↓	GR	α	ε	ι	η	ο	ω	ου	αι	ει
p	π	πα	πε	πι	πη	πο	πω	που	παι	πει
r	ρ	ρα	ρε	ρι	ρη	ρο	ρω	ρου	ραι	ρει
s	σ	σα	σε	σι	ση	σο	σω	σου	σαι	σει
t	τ	τα	τε	τι	τη	το	τω	του	ται	τει
f	φ	φα	φε	φι	φη	φο	φω	φου	φαι	φει
he	χ	χα	χε	χι	χη	χο	χω	χου	χαι	χει
psi	ψ	ψα	ψε	ψι	ψη	ψο	ψω	ψου	ψαι	ψει

This exercise can also be repeated with the **αυ (af)** and **αυ (av)** and **ευ (ef)** and **ευ (ev)** sounds.

Practise reading some simple words

α-λεύ-ρι - flour
βι-βλί-ο - book
γά-λα - milk
δρό-μος - road
έ-λα - come
ζώ-α - animals
ή-χος - sound
θάμ-νος - bush

Ι-θά-κη - Ithaca
κα-πέ-λο - hat
λίμ-νη - lake
με-λέ-τη - study
νό-στι-μο - tasty
ξή-λο - wood
ο-μά-δα - team
πι-λό-τος - pilot

ρύ-ζι - rice
σταθ-μός - station
τη-λέ-φω-νο - telephone
ύμ-νος - hymn
φι-λί - kiss
χτέ-να - comb
ψά-ρι - fish
ώ-ρα - time

αύ-ρι-ο - tomorrow, **αυ-τός** - he, **ευ-χα-ρισ-τώ** - Thank you, **ευ-ρώ** -euro

Typing Template

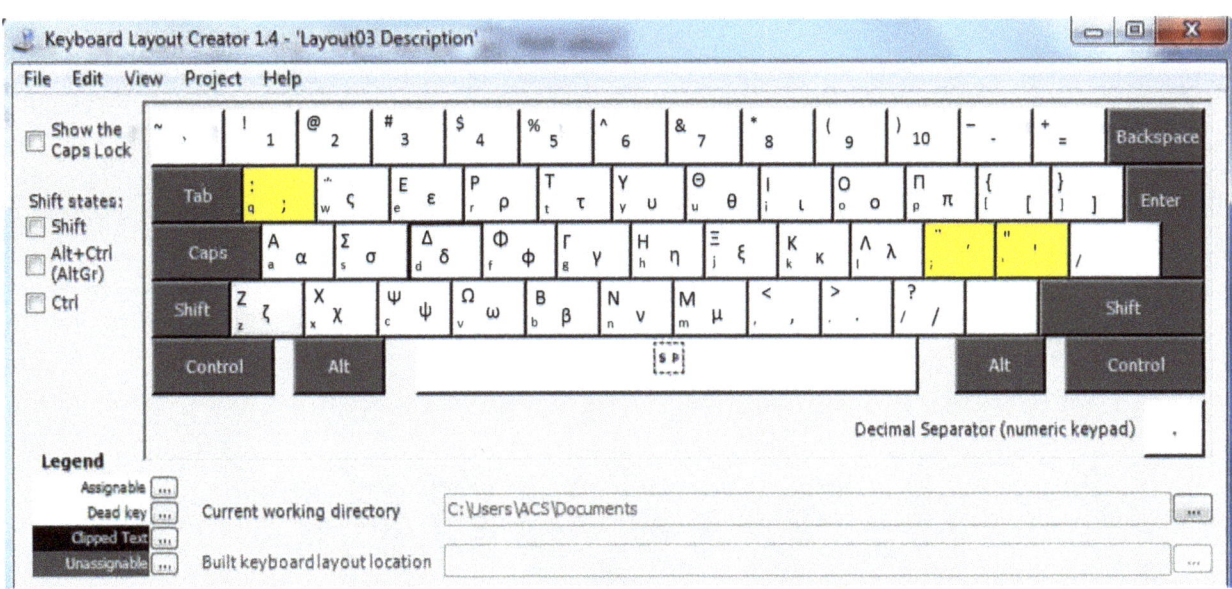

Modern Greek is available on all smart devices. There are also spell checkers and automatic spelling correctors but be careful that you use the correct word as many Greek words sound the same but are spelled differently depending on the context.

Handwriting in Greek

There is no running writing in Greek though some writing may look that way.

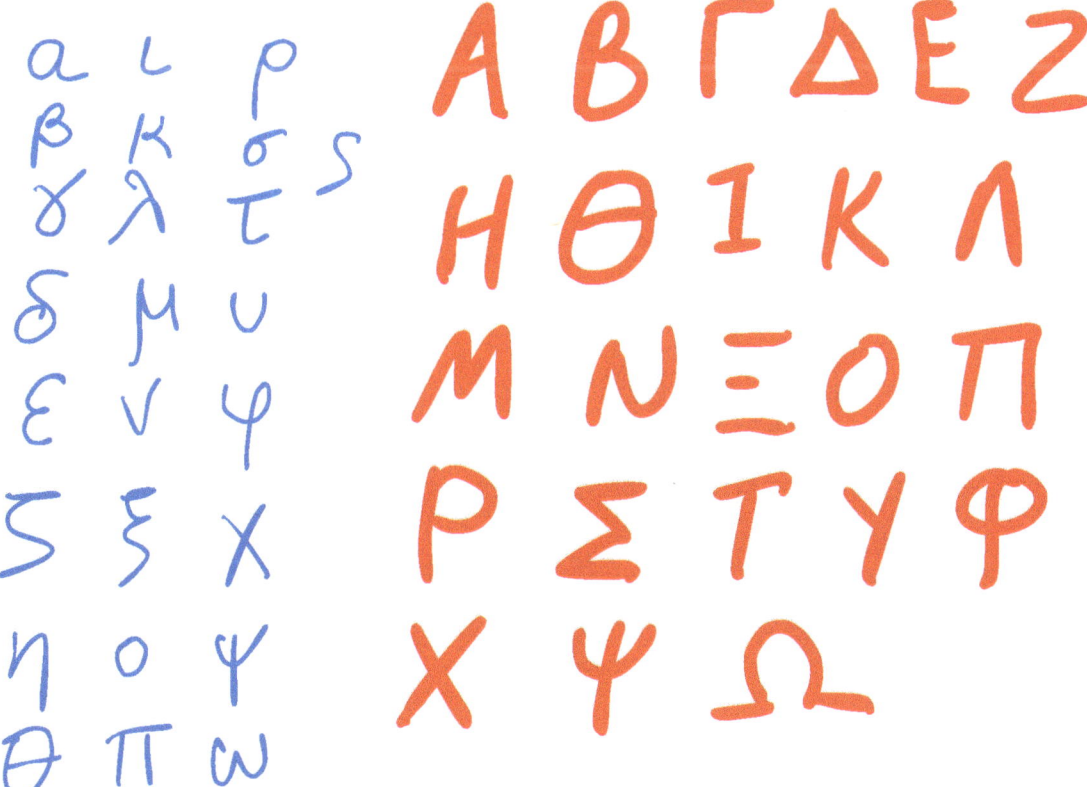

Language & Grammar

The Articles

There are three genders in Modern Greek.

These are the singular definite articles in the nominative form: **THE**

Masculine   **ο**   (ο άντρας) the man
Feminine   **η**   (η γυναίκα) the woman
Neuter   **το**   (το παιδί) the child

These are the plural definite articles: **THE**

     ο ➡ **οι** (οι άντρες) the men
     η ➡ **οι** (οι γυναίκες) the women
     το ➡ **τα** (τα παιδιά) the children

Punctuation

Full stop	.	
Comma	,	
Question mark	;	**τι;**
Semi colon	·	**α·**
Colon	:	
Exclamation mark	!	

Pronouns

εγώ — me

εσύ — you

αυτή — she

αυτός — he

αυτό — it

Ποιος είναι αυτός;

Αυτή φοράει γυαλιά.

Τι είναι;

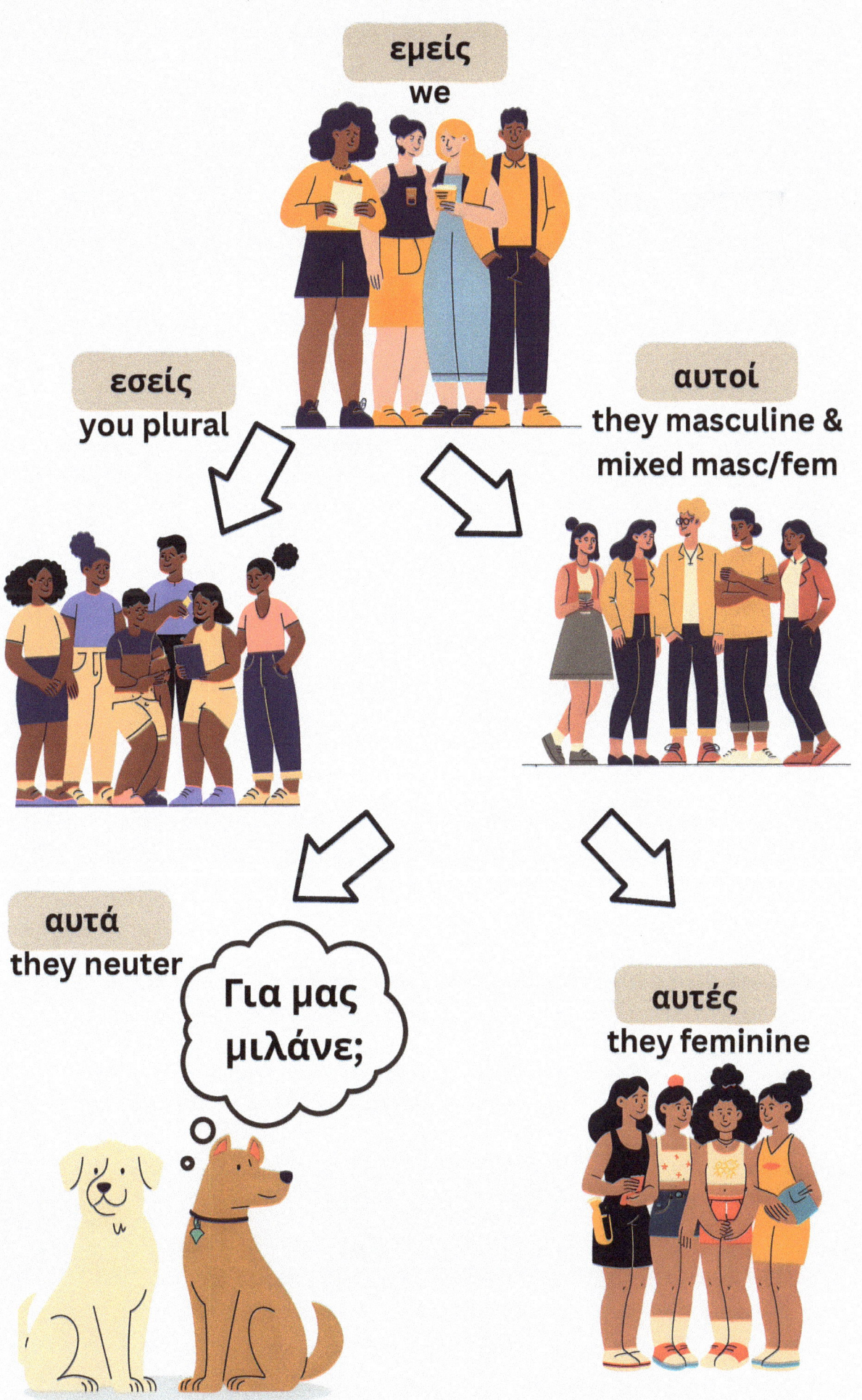

MASCULINE NOUNS

Nominative   **Vocative**   **Accusative**   **Genitive**

Masculine Singular (ενικός)

Ο άνθρωπ-**ος**	άνθρωπ-**ε**	**τον** άνθρωπ-**ο**	**του** ανθρώπ-**ου**
κύρι**ος**	κύρι-**ε**	κύρι-**ο**	κυρί-**ου**
άντρ-**ας**	άντρ-**α**	άντρ-**α**	άντρ-**α**
μαθητ-**ής**	μαθητ-**ή**	μαθητ-**ή**	μαθητ-**ή**
παππ-**ούς**	παππ-**ού**	παππ-**ού**	παππ-**ού**
καφ-**ές**	καφ-**έ**	καφ-**έ**	καφ-**έ**

Masculine Plural (πληθυντικός)

Οι άνθρωπ-**οι**	άνθρωπ-**οι**	**τους** ανθρώπ-**ους**	**των** ανθρώπ-**ων**
κύρι-**οι**	κύρι-**οι**	κυρί-**ους**	κυρί-**ων**
άντρ-**ες**	άντρ-**ες**	άντρ-**ες**	αντρ-**ών**
μαθητ-**ές**	μαθητ-**ές**	μαθητ-**ές**	μαθητ-**ών**
παππ-**ούδες**	παππ-**ούδες**	παππ-**ούδες**	παππ-**ούδων**
καφ-**έδες**	καφ-**έδες**	καφ-**έδες**	καφ-**έδων**

NOTES

Nominative or Ονομαστική is the subject of the verb. i.e. Ο γιατρός είναι εδώ.
Accusative or Αιτιατική is the object of the verb.. i.e. Ξέρω τον γιατρό.
Vocative or κλητική is used when a noun is being addressed ie. Γεια σας γιατρέ! It is especially relevant to male names ending in **ος / ης / ας** as the end **s** is cut out
Genitive or Γενική is the possessive form. i.e. Το κινητό του γιατρού.

Word meanings:

άνθρωπος - the man / human , κύριος - the gentleman, άντρας - man, μαθητής - student (male), παππούς -grandad, καφές -coffee.

Example sentences

Ο παππ**ούς** πίνει (τον) καφ**έ**. (The use of (τον) the, is not necessary).
Γεια σου Γιάνν**η**! (ο Γιάνν**ης** drops the end s in address)
Το βιβλί**ο** είναι του μαθητ**ή**. Τα βιβλία είναι των μαθητ**ών**.
Αυτούς τους ανθρώπ**ους** τους γνωρίζω.
Οι καφέδ**ες** είναι έτοιμοι.
Καλημέρα Κύρι**ε** Αντών**η**. (From ο κύριος Αντώνης)

FEMININE NOUNS

Nominative	Vocative	Accusative	Genitive

Feminine Singular (ενικός)

Η φων-**ή**	φων-**ή**	**την** φων-**ή**	**της** φων-**ής**
μητέρ-**α**	μητέρ-**α**	μητέρ-**α**	μητέρ-**ας**
είσοδ-**ος**	είσοδ-**ο**	είσοδ-**ο**	εισόδ-**ου**
αλεπ-**ού**	αλεπ-**ού**	αλεπ-**ού**	αλεπ-**ούς**
γιαγ-**ιά**	γιαγ-**ιά**	γιαγ-**ιά**	γιαγ-**ιάς**
*Μέλπ-**ω**	Μέλπ-**ω**	Μέλπ-**ω**	Μέλπ-**ως**

Feminine Plural (πληθυντικός)

Οι φων-**ές**	φων-**ές**	**τις** φων-**ές**	**των** φων-**ών**
μητέρ-**ες**	μητέρ-**ες**	μητέρ-**ες**	μητέρ-**ων**
είσοδ-**οι**	είσοδ-**οι**	εισό-**δους**	εισό-**δων**
αλεπ-**ούδες**	αλεπ-**ούδες**	αλεπ-**ούδες**	αλεπ-**ούδων**
γιαγιά-**δες**	γιαγιά-**δες**	γιαγιά-**δες**	γιαγιά-**δων**

*There is no plural for female names ending in ω.

NOTES

Nominative or Ονομαστική is the subject of the verb. i.e. Πού είναι η κοπέλα;
Genitive or Γενική is the possessive form. i.e. Η τσάντα της κοπέλας.
Accusative or Αιτιατική is the objective form. i.e. Είναι για την κοπέλα.
Vocative is used when a female is being addressed by her surname that ends in the masculine ος/ης/ας. Καλημέρα κυρία Γεωργίου / κ. Πετράκη/ κ. Γεωργαντά

Word Meanings:

φωνή - voice, μητέρα - mother, είσοδος - entrance, αλεπού - fox,
γιαγιά - grandmother, Μέλπω - Melpo (short for Melpomene - a Greek name).

Example sentences

"Γιαγ**ιά**, έλα," φωνάζει (is calling) η Μέλπ**ω**, "Η μητέρ**α** είναι εδώ. (here)"
Οι καφέδες (masculine for coffees) είναι για τις γιαγιά**δες**.
Η ζακέτ**α** (cardigan) είναι της γιαγ**ιάς** μου.
Το σακάκι (neuter for jacket) είναι για τ**η(ν)** μητέρα.
Μέλπ**ω** πάμε!

NEUTER NOUNS

Nominative	Vocative	Accusative	Genitive

Neuter Singular (ενικός)

το σχολεί-**ο**	σχολεί-**ο**	**το** σχολεί-**ο**	**του** σχολεί-**ου**
καράβ-**ι**	καράβ-**ι**	καράβ-**ι**	καραβι-**ού**
όνομ-**α**	όνομ-**α**	όνομ-**α**	ονόμ-**ατος**
δάσ-**ος**	δάσ-**ος**	δάσ-**ος**	δάσ-**ους**

Neuter Plural (πληθυντικός)

τα σχολεί-**α**	σχολεί-**α**	**τα** σχολεί-**α**	**των** σχολεί-**ων**
καράβι-**α**	καράβι-**α**	καράβι-**α**	καραβι-**ών**
ονόμ-**ατα**	ονόμ-**ατα**	ονόμ-**ατα**	ονομ-**άτων**
δάσ-**η**	δάσ-**η**	δάσ-**η**	δασ-**ών**

Nominative and accusative are the same in the neuter!

NOTES

Nominative or Ονομαστική is the subject of the verb. i.e. Πού είναι το παιδί;
Genitive or Γενική is the possessive form. i.e. Η τσάντα είναι του παιδιού.
Accusative or Αιτιατική is the objective form. i.e. Το μήλο είναι για το παιδί.
Vocative is used in address ie. Έλα παιδί μου!

Word Meanings: σχολείο - school, καράβι - ship, όνομα - name, δάσος - forest.

Example Sentences

Το δάσ**ος** έχει πολλά δέντρ**α**. Τα δάσ**η** έχουν πολλά πουλ**ιά** (neuter for birds).

Του δάσ**ους** τα πουλ**ιά** είναι όμορφα (beautiful).

EVERYDAY VERBS

I am - είμαι present tense

- Είμαι — I am
- Είσαι — You are
- Είναι — He/She/It is
- Είμαστε — We are
- Είσαστε / είστε — You are (plural & formal)
- Είναι — They are

I was - ήμουν past tense

- Ήμουν — I was
- Ήσουν — You were
- Ήταν — He/She/It was
- Ήμασταν — We were
- Ήσασταν — You were (plural & formal)
- Ήταν — They were

I have - έχω present tense

- Έχω — I have
- Έχεις — You have
- Έχει — He/She/It has
- Έχουμε — We have
- Έχετε — You have (plural and formal)
- Έχουν — They have

I had - είχα past tense

- Είχα — I had
- Είχες — You had
- Είχε — He/She/It is
- Είχαμε — We had
- Είχατε — You had (plural and formal)
- Είχαν — They had

Change these sentences to the past tense.

1. Έχω μια γάτα.
2. Είμαι με την οικογένειά μου.
3. Έχουμε δυο σκυλιά.
4. Είσαστε στο ξενοδοχείο;
5. Οι κοπέλες έχουν τα κινητά τους.
6. Είναι μικρή η πόρτα.

Personal Pronouns (Emphatic)

Nominative		Accusative	
εγώ	I	εμένα	me
εσύ	you	εσένα	you
αυτός	he	αυτόν	him
αυτή	she	αυτήν	her
αυτό	it	αυτό	it
εμείς	we	εμάς	us
εσείς	you (plural & formal)	εσάς	you (plural & formal)
αυτοί	they (masc.)*	αυτούς	them
αυτές	they (fem.)	αυτές	them
αυτά	they (neut.)	αυτά	them

Fun Fact

*We use the masculine plural for mixed groups of males and females. The plural is also used as a polite form in 2nd person plural.

Personal Pronouns con't.

Possessive pronouns		Weak pronouns	
μου	my	με	my
σου	your	σε	your
του	his	τον	his
της	her	την	her
του	its	το	its
μας	our	μας	our
σας	your (plural & formal)	σας	your (plural & formal)
τους	their (masc.)*	τους	their (masc.)*
τους	their (fem.)	τις	their (fem.)
τους	their (neut.)	τα	their (neut.)

Fun Fact

Some may look or sound the same but are used differently. The possessive is used after the noun. i.e. my dog. Το σκυλί **μου.** The weak form is used in address such as **Με** λένε Ελένη. Πώς **σε** λένε;
See the examples in the dialogues that follow.

Showing possession

το σκυλί **μου**

Είναι το σκυλί **σου**;

το σκυλί **του**

το σκυλί **μας**

Ποιο είναι το σκυλί **σας**;

Γεια σου φίλε τι κάνεις;

το σκυλί **τους**

Το σπίτι μου My house

Το αυτοκίνητό μας είναι κόκκινο.
Our car is red.

Η οικογένειά μας έχει τέσσερα μέλη.

Our family has four members.

Το κινητό της.
Her mobile.

1. Use the Word Databank to write some sentences of things that do or could belong to you in singular and plural ...μου/ μας
_____
_____
_____

2. Do the same for things that belong to someone else using ...σου/ σας/ του/ της/ τους.
_____
_____
_____
_____

When to use the genitive for **της** / **του**

Είναι **της** μητέρας της το βιβλίο.
It is her moth**er's** book.

Η μπάλα είναι **του** Γιάννη.
The ball is Joh**n's**.

Της τσάντας το φερμουάρ (zipper) χάλασε (broke).
The ba**g's** zipper broke.

Του πατέρα το περίπτερο είναι εδώ.
Fath**er's** kiosk is here.

Genitive (belongs to)   **Accusative (for)**

                            για τον

Το κινητό του παιδιού.   Το κινητό είναι για το παιδί.

Noun Exercises

Using the endings as clues add the article **o, η, το** to these words. Refer to noun pages especially for neuter plural nouns ending in **ος**.

η/ο/το	noun	η/ο/το	noun	η/ο/το	noun
	Θάλεια		κορίτσι		γάντι
	καπετάνιος		στρατός		Ιρλανδός
	Έλληνας		Ελληνίδα		Ελληνάκι
	εικόνα		Ελλάδα		Καναδάς
	ποδήλατο		τενεκές		άγγελος
	πέτρα		πλήθος		γιαγιά
	στενό		έξοδος		οδός

ι, ι, ι, ι, ι, ι, α, α, α, η, ο, ο, ος, ος, ος, ος, ος, ας, ια, ια

Add the correct ending to the following words. Use the letters in the box above to mark them off as you go. A dictionary may be helpful.

το παιχνίδ____ η καρέκλ____ το τραπέζ____, ο θεί____
η οικογένει____ το σπίρτ____ ο κύρι____ η κυρί____
το κουτ____ το μωρ____ το κουδούν____ το δάσ____
η είσοδ____ η έξοδ____ το πεπόν____ η Ινδ____
η αδελφ____ ο μπαμπ____ η γιαγ_____ το σκυλ____

ADJECTIVES

Adjectives are describing words. Like nouns they come in macsculine, feminine and neuter, however, some are indeclinable. Adjectives are treated the same way as nouns with a masculine, plural or neuter ending in the singular and the plural.

Foreign adjectives are indeclinable and only come in the neuter form, such as the colours blue **το μπλε** and brown **το καφέ** but can be used with all the noun genders. They must agree with the noun. i.e. το **κόκκινο** σπίτι, **τα κόκκινα** σπίτια, η πράσινη πόρτα, οι πράσινες πόρτες. Also, please note that some adjectives may have more than one acceptable form, for example, the feminine adjective for 'bad', i.e. **η κακή** (or) **η κακιά** κοπέλλα.

Check the Adjective Word bank in this book for a more comprehensive list of useful adjectives.

Complete the sentences below using the verb είμαι plus any of the adjectives below.

Η αλεπού
Ο Μανόλης
Η είσοδος
Ο άντρας
Το βιολί
Η καρέκλα

ADJECTIVES—ΕΠΙΘΕΤΑ - are also masculine, feminine and neuter.
μεγάλος /μεγάλη/μεγάλο, μικρός/μικρή/μικρό, μαύρος/μαύρη/μαύρο, μπλέ, καφέ, όμορφος/όμορφη/όμορφο, κίτρινος/κίτρινη/κίτρινο, κόκκινος/κόκκινη/κόκκινο, ωραίος/ωραία/ωραίο, καλός/καλή/καλό, κακός/κακή/κακιά/κακό, στενός/ή/ο, ψηλός/ή/ό, κοντός/ή/ό, χοντρός/ή/ό

Where is it? Where is he? Where is she? Where are they?
Πού είναι;

to, at, on, in =
σε + τον = στον
σε + την = στην
σε + το = στο

Fun Fact

The adverb δίπλα means next to. The adverb απέναντι means opposite.

Πού είναι η μαμά; Είναι **στον** κινηματογράφο.
Πού είναι η μπλούζα μου; Είναι **στη(ν)** ντουλάπα.
Πού είναι η μπίρα; Είναι **στο** τραπέζι.
Πού πήγε ο παππούς; Πήγε **στην** πόλη.
Πού είναι το πάρκο; Είναι δίπλα **στο** σχολείο.
Πού είναι το σχολείο; Δίπλα **στην** τράπεζα.
Πού είναι η τράπεζα; Κοντά **στον** οδοντογιατρό.
Πού είναι ο υπολογιστής μου; Είναι **στο** γραφείο σου.
Πού είναι τα παιδιά; Είναι **στον** κήπο.
Πού είναι οι καραμέλες μου; Είναι **στην** τσάντα σου.
Πού είναι οι αγελάδες; Οι αγελάδες είναι **στο** αγρόκτημα.

Translate the sentences above into English.

Forming the accusative using FROM

from & the
από τον
από την
από το

Πού είναι ο φούρνος bakery;
Είναι απέναντι **από τον** ψαρά* fish shop.
Πού είναι το ψαράδικο fish shop;
Είναι απέναντι **από την** εκκλησία church.
Πού είναι η εκκλησία;
Είναι απέναντι **από το** πάρκο park.

Fun Facts

Note:
The word **ψαράς** for a fisherman can also be used for the fish shop.
Also note that the adverb for across and opposite always takes **from** to form the accusative **απέναντι από** …

Forming the accusative using FOR

for & the
για τον
για την
για το

Ο καφές coffee είναι **για τον** μπαμπά.
Η πίτα pie είναι **για την** Αναστασία.
Το γάλα milk είναι **για το** μωρό baby.
Οι μαθητές students είναι εδώ **για το** μάθημα lesson..
Οι πίτσες pizzas είναι **για την** παρέα company of friends.
Τα μολύβια pencils είναι **για τα** παιδιά children.

Translate to Greek. You may need to use a dictionary

1. In your bag. _____
2. On the table. _____
3. At the table. _____
4. To school. _____
5. Opposite the post office. _____
6. Across from the park. _____
7. For the men. _____
8. For the boy. _____

When to use accusative
από τον/ από την / για τον / για την

The accusative indicates the (direct) object of the verb. When it is a name of a person you must use a definite article.

Ο καφές είναι **για τον** άντρα.
The coffee is for the man.

Το δώρο είναι **από τη(ν)** γιαγιά..
The present is from grandma.

Η τσάντα είναι **για την** Έλλη.
My bag is for Elli.

Για την λεμονάδα (lemonade) είναι το λεμόνι (lemon).
The lemon is for the lemonade.

Το κινητό είναι **για τη(ν)** Μαίρη.
The mobile is for Mary.

Το ψωμί είναι **από το(ν)** φούρνο.
The bread is from the bakery.

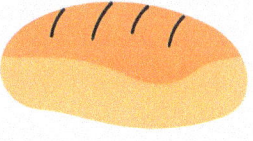

Αυτό το γλυκό (sweet) είναι **για μένα** (for me) ή **για σένα** (for you);

Fun Facts

Note: **την** and **τον** drop the **ν (n)** when followed by a vowel or soft consonant.
Note: (ε)**μένα** & (ε)**σένα** accusative form of me and you above can be used without the augment **ε** if the word before it ends with a vowel.

When to use accusative
με τον/ με την - WITH THE

The same rule applies for με as it indicates the direct object of the verb. Who are you doing the action with? When it is a name of a person you must use a definite article in the accusative form.

Πίνω καφέ με τον φίλο μου.
I drink coffee with my friend.

Πάω βόλτα με την Μαρία.
I go for a walk with Maria.

Πάμε στο πάρκο με τα σκυλιά μας.
We go to the park with our dogs.

Πηγαίνω στη δουλειά με το λεωφορείο.
I go to work with the bus.

HINTS

Use στο/ στη/ στο when talking or writing about **physical spaces or things**. ie. Είναι στο τραπέζι - στο τραπέζι- It is on/at the table, Είναι στη(ν) ντουλάπα - It is in the wardrobe, Είμαι στη(ν) δουλειά - I'm at work, Πάω στα μαγαζιά - I go to the shops.

It can also be used with **abstract nouns** ie. στη θεωρία αυτή - In this theory, το'χω στο νου μου - I have it in mind.

Easy Everyday Dialogues 1
What is your name?

Καλημέρα πώς **σε λένε***;
Good morning, what is your name?

Γεια σου, **με** λένε Κάρεν.
My name is Karen.

Πώς **τον** λένε;
What is his name?

Τον λένε Νίκο
His name is Nick.

Πώς **την** λένε;
What is her name?

Την λένε Αλεξάντρα.
Her name is Alexandra.

Από πού **είσαι,** Κάρεν;
Where are you from, Karen?

Είμαι από **την** Αγγλία. Εσύ;
I'm from England. What about you?

Είμαι από **την** Ισπανία.
I'm from Spain.

Fun Facts

πώς σε λένε* Literally means "How do they call you?" It uses the accusative. Notice the 'weak' pronouns used above.

Easy Everyday Dialogues 2 How are you?

Τι κάνεις;   How are you

Fun Fact

Τι κάνεις; also means What are you doing? Also like the term How do you do?

Πολύ καλά, ευχαριστώ.
Very well, thank you

Δεν είμαι καλά.
I am not well.

Τι κάνετε; How are you?
(plural)

Είμαστε καλά! We are well.
Είμαστε όλοι πολύ καλά.
We are all very well

How are you?

The Polite Form

Τι κάνετε; How are you?

Πολύ καλά, ευχαριστώ. Κι εσείς;
Very well thank you. And you?

Πάρα πολύ καλά, σας ευχαριστώ.
Extremely well, thank you.

υπέροχα, πολύ καλά	very well
έτσι κι έτσι	so so
ας τα λέμε καλά	let's say ok
όχι και τόσο καλά	not so ok *or* not too well
χάλια	terrible

Can you answer in the singular and the plural forms using some of the suggestions above?

GREETINGS

Γεια σου	Hello and goodbye
Γεια σας	Hello and goodbye (plural and formal, polite form)
Καλημέρα	Good morning
Καλησπέρα	Good evening
Καληνύχτα	Good night
Αντίο	Bye
Καλό απόγευμα	Good afternoon said on leaving someone
Τι κάνεις; Τι κάνετε;	How are you? How do you do?
Πώς είσαι; Πώς είστε;	How are you?
Πώς πας; Πώς πάτε;	How are you going?

EVERYDAY VERBS & PRONOUNS

Pronouns are used for emphasis or contrast in place of a person's name.

Using the pronouns

Εγώ	είμαι
Εσύ	είσαι
Αυτός	είναι
αυτή	είναι
αυτό	είναι
Εμείς	είμαστε
Εσείς	είσαστε / είστε
Αυτοί	είναι
αυτές	είναι
αυτά	είναι

Εύκολο είναι παιδιά να το μάθετε!

Examples

Εγώ είμαι ο Δημήτρης.
Είμαι ο Δημήτρης.
Αυτός είναι ο Νίκος.
Είναι ο Νίκος.

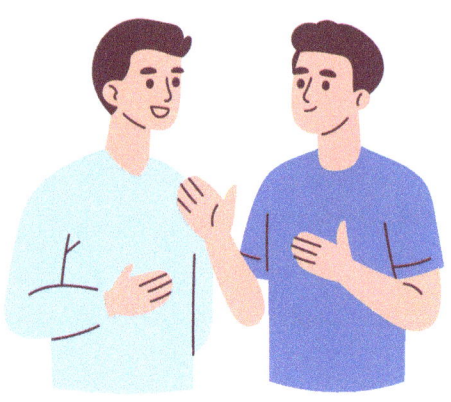

Εσύ ποιος είσαι;
Ποια είσαι;
Αυτή ποια είναι;
Ποια είναι;

Fun Fact

Note that the verb can be used without the pronoun, or a name, as the verb itself indicates who is doing the action.

Emphatic pronouns and verb use

Ποιος είναι στην πόρτα; Who is at the door?

Ποιος είναι;

Εγώ είμαι μαμά!

Α, Έλα μέσα παιδί μου.

Ποιος / Ποια ήρθε; Who came?

Η Μαρία.
Είναι η Μαρία
Ήρθε η Μαρία

Ποιος χτυπάει την πόρτα;
Είναι ο Γιάννης;

Δεν ξέρω. Άνοιξε να δεις!

	NEW VERBS	
Έρχομαι I come	ήρθα I came ήρθες you came ήρθε he/she/it came	This is the past tense of I come.
ανοίγω I open	άνοιξε! Open!	This is the imperative, like a command. (only used in 2nd person forms.
χτυπάω I knock (or hit)	χτυπάει he/she/it knocks	Can also be used when an alarm goes off. It rings!

Emphatic pronouns

ποιος (masculine) ποια (Feminine) ποιο (Neuter)	Who singular	ποιοι (masc.pl) ποιες (fem. pl) ποια (neut. pl)	Who (plural)

Examples

Ποιο είναι το βιβλίο του; (neuter sing.)
Δεν ξέρω* **ποιο** είναι;

Ποια είναι αυτά τα παιδιά. (neuter pl.)
Αυτά τα παιδιά είναι της Μαρίας.

Ξέρεις **ποιοι** είναι αυτοί οι άντρες;
Ναι ξέρω **ποιοι** είναι.

Ποιες είναι αυτές οι γυναίκες;
Δεν ξέρω **ποιες** είναι.

Ποιοι είναι όλοι αυτοί;
Αυτοί είναι όλοι από τη δουλειά μου.

Fun Facts

The verb **ξέρω*** means I know.
Do not confuse **ποιο** with **πιο** which means 'more' and is used like: ie. **πιο** πολύ. Also, do not confuse **ποια** with **πια** which means 'no more or anymore' ie. Δε σε θέλω **πια**! or Έλα **πια**! (a colloquial saying translated as Come on now!)

Easy Everyday Dialogues 3   What is it?

Τι είναι;   What is it?

Είναι κινητό   It is a mobile phone.

Τι είναι?   What is it?

Είναι αυτοκίνητο.   It is a car. (automobile).

Τι είναι?   What is it?

Είναι στυλό.   It is a pen

Τι είναι;   Τίποτα!   Nothing!
Δεν είναι τίποτα!   *It is nothing.

Fun Fact

There is no need to use an article in the examples above. *Notice the apparent double negative. Literally "it is not nothing".

Using a dictionary and / or the word banks in this book, form two dialogues similar to examples above. ie. What is it? It is a....

The indefinite article

Definite	Indefinite	Accusative	Genitive
ο	ένας	έναν	ενός
η	μία / μια	μια(ν), μία ν)	μιας
το	ένα	ένα	ενός

Examples

Definite Article Nominative

Ο άντρας είναι εδώ.   The man is here.
Η γυναίκα είναι εκεί.   The woman is over there.
Το παιδί παίζει.   The child is playing.

Indefinite Article Nominative

Ένας άντρας είναι στην πόρτα.   A man is at the door.
Μια γυναίκα έπεσε.   A woman fell over.
Ένα παιδί κλαίει.   A child is crying.

Indefinite Article Accusative

Έναν άντρα θέλουμε για αυτή τη δουλειά.
We want a man for this job.
Μια γυναίκα μπορεί να το κάνει.   A woman can do it.
Ένα παιδί χρειάζεται τη μαμά του.   A child needs its mother.

Indefinite Article Genitive

Το σακάκι ενός άντρα βρέθηκε.   A man's jacket was found.
Η τσάντα μιας γυναίκας έχει χαθεί.   A woman's bag has been lost.
Το βιβλίο ενός παιδιού είναι στο τραπέζι.
A child's book is on the table.

Fill in the missing words

1. _____ καφέ παρακαλώ.   A coffee please.
2. Το προτοφόλι _____ κοπέλας είναι στο πάτωμα.
    A young woman's purse is on the floor.
3. _____ σκύλος έχει χαθεί.   A dog has been lost.

What have you got? Τι έχεις;

Τι έχεις; Can also mean what is wrong with you? Or What's up? What's the matter? For example:

Τι έχεις;   Είμαι άρρωστη. I am sick.
Έχω πυρετό. I have a fever
Έχω άγχος. I have anxiety / stress.

Πεινάω. I'm hungry.

Δεν έχω όρεξη. I'm not hungry- I'm not in a good mood.

Έχω μάθημα. I have a lesson.
Έχω διάβασμα. I have study to do.

Τίποτα. Nothing.

Τι έχεις; can be used in place of **Τι είναι;** What is it? Rewrite my examples from page 42, changing the **Τι είναι;** with **Τι έχεις;** Use my example below:

Τι έχεις; **Έχω** ένα μολύβι. What do you have? I have a pencil.

_____
_____
_____
_____

Easy Everyday Dialogues 4
Where are you from? Informal

Από πού είσαι;
Where are you from?

Είμαι από την Αυστραλία
I am from Australia.

Using the Countries Wordbank, p.88 in this book, make some similar dialogues using other countries.

Where do you live?

Πού μένεις;
Where do you live??

Μένω στο Σύδνεϊ.
I live in Sydney:

Πού ακριβώς;
Where exactly?

Στην οδό Κίντελ τρία, στο Μάρρικβιλ.
3 Kindell St, Marrickville.

Answer the following questions in Greek as in the example above.

Από πού είσαι; _____

_____

Πού μένεις; _____

_____

_____

Easy Everyday Dialogues 5
Where are you from? Formal

Καλημέρα, από πού είσαστε ;
Where are you from?

Είμαι από την Ελλάδα.
I am from Greece.

Πώς σας λένε;
What is your name?

Με λένε Παναγιώτα.
My name is Panayiota.

Where do you live?

Πού μένετε, κυρία Παναγιώτα;
Where do you live, Mrs Panayiota?

Μένω στον Ψαθόπυργο, κοντά στη(ν) Πάτρα.
I live at Psathopyrgo, near Patra.

Fun Facts

Κυρία means lady, madam and Mrs and is the polite way to address someone you do not know in a formal situation.
For men it is **Κύριος,** Lord, Master, Sir and Mr but in address it is **Κύριε** (see Vocative case under nouns)

Write dialogues for the pictures below. Include a greeting and ask each person's name and where they are from.

Informal

Formal

Plural

Useful verbs 1

Κάνω   I make / I do
κάνεις
κάνει
κάνουμε
κάνετε
κάνουν

θέλω   I want
θέλεις
θέλει
θέλουμε
θέλετε
θέλουν

μένω   I live
μένεις
μένει
μένουμε
μένετε
μένουν

πηγαίνω / πάω   I go
πηγαίνεις / πας
πηγαίνει / πάει
πηγαίνουμε / πάμε
πηγαίνετε / πάτε
πηγαίνουν / πάνε

EXAMPLES

The verb **κάνω** can be used in many situations. What are you doing? Τι κάνεις;

Κάνω κέικ. I'm making a cake.
Κάνω μπάνιο. I'm having a bath.
Κάνω σαλάτα. I'm making a salad.

Useful verbs 2

αγαπώ / αγαπάω   δεν αγαπώ .. **I love**
αγαπάς   δεν αγαπάς
αγαπάει
αγαπάμε
αγαπάτε
αγαπούν / αγαπάνε

μιλάω / μιλώ - **I speak**
μιλάς
μιλάει
μιλάμε
μιλάτε
μιλούν

Σ'αγαπώ.
Μ'αγαπάς;

*See weak pronouns p.23

μου αρέσει*   I like   δεν μου αρέσει   I don't like
σου αρέσει   you like   δεν* σου αρέσει   You don't like
του αρέσει
της αρέσει
μας αρέσει
σας αρέσει
τους αρέσει

Fun Facts

*Not **(δεν)** in front of any verb negates that verb!
*Literally **μου αρέσει** means 'pleases me' or 'is pleasing to me.'

Add the δεν to verbs above and those you know and see what meanings you get. Can you make up some sentences usng the negative?

I LIKE ONE... I LIKE MANY ....
I don't like.....

I like is different for singular and for plural objects in Greek. The person or people doing the liking does not matter, it is the object (s) that change the word from singular to plural. The subject of the verb αρέσει is the thing being 'liked', when this thing is plural, so too is the verb plural, αρέσουν.

Μου αρέσει να κάνω ποδήλατο (Bicycle).

Μας αρέσει το διάβασμα (study).

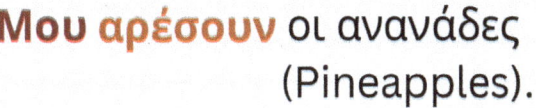

Μου αρέσουν οι ανανάδες (Pineapples).

Δεν μας αρέσει η δασκάλα (teacher).
Μας αρέσουν τα παιχνίδια (games).

SPEAKING SKILLS Ναι ή όχι; Yes or no?
1. Go to the Word Bank on FOOD, p93. in this book and answer for each one **Τι σου αρέσει και τι δεν σου αρέσει;** Be careful with the plural words.
2. What does Τι σας αρέσει; mean? When can it be used?
3. Can you ask others what they like and don't like? Use any of the Word Banks in this book or other words you know.

Past tense verbs - to describe your personal world.

γεννήθηκα	I was born	μεγάλωσα	I grew up
γεννήθηκες		μεγάλωσες	
γεννήθηκε		μεγάλωσε	
γεννηθήκαμε		μεγαλώσαμε	
γεννηθήκατε		μεγαλώσατε	
γεννήθηκαν		μεγάλωσαν	

πήγα	I went	έκανα	I made / did
πήγες		έκανες	
πήγε		έκανε	
πήγαμε		κάναμε	
πήγατε		κάνατε	
πήγαν		έκαναν	

Γεννήθηκα στο Σύδνεϊ, στην Αυστραλία στις 5 Ιουνίου το 2006. **Μεγάλωσα** στο Άσμπουρι (*Ashbury). **Πήγα** στο δημοτικό σχολείο Ashbury που **ήταν** στη γειτονιά μου. **Ήμουν** καλός μαθητής και **έκανα** πολλούς φίλους.

Write three similar sentences about yourself below.

_____
_____
_____
_____
_____

*If a place cannot be identified in Greek then you may leave it in English.

Easy Everyday Dialogues 6 How old are you?

Study the Word Bank pages for Numbers and Months and revise the declension of the number 1 (ένα) on page 43 before completing this.

Declension of the numbers 3 and 4			
	Masculine	Feminine	Neuter
Nominative and Accusative	τρεις (3) τέσσερις (4)	τρεις (3) τέσσερις (4)	τρία τέσσερα
Gentitive	τριών (3) τεσσάρων (4)	τριών (3) τεσσάρων (4)	τριών (3) τεσσάρων (4)

Πόσω(ν) χρονών είσαι;
How old are you?(literally, how many years are you?)

Είμαι εικοσιενός χρονών, κι εσύ;
I am twenty _____ years old and you?

Είμαι δεκαεννέα αλλά σε λίγο θα κλείσω τα είκοσι.
I am nineteen but soon _____ twenty.

Ποιο μήνα γιορτάζεις;
What _____ is your birthday?

Τον Νοέμβρη.
In November.

Ποια μέρα;
What _____?

Στις δέκα Νοεμβρίου.
On the _____ of November.

Σε τρεις μέρες; Να χαίρεσαι τα γενέθλιά σου! Χρόνια πολλά!
In _____ days. Enjoy your birthday! Happy Birthday!

Ευχαριστώ!
Thank you

Fun Facts

*έτος is another word for χρόνο (year). ie. **Είμαι δεκαπέντε ετών.**

Fill in the gaps and your details in this Greek dialogue.

Πώς σε λέν___; Με_____

Από πού είσ____; Είμαι από _____
_____

Πόσων χρον___ν είσαι; Είμ___ _____
_____

Πού μέν____ς; Μένω στο / στην _____
_____

Πότε γιορτάζεις / είναι τα γενέθλιά σου; _____
_____

Write a small speech about a friend.
Include their name, how old they are and where they are from.

_____
_____
_____
_____
_____
_____
_____
_____
_____
_____
_____
_____
_____

Fill in - Agreement between noun and adjective:

Το κόκκιν____ σπίτ_____ . The red house
η πράσιν_____ καρέκλ_____ . The green chair.
ο μικρ___ πιανίστ_____ . The young pianist.
Ο ψηλ____ άντρ_____ . The tall man.
η κόκκιν____ μπάλ_____ . The red ball.

CELEBRATIONS

A name day or any other celebration is a **γιορτή**.

The term **Χρόνια Πολλά** can be used for birthdays and name days and any community celebration such as Christmas and the New Year. It means 'many (good) years'.

The greeting for Merry Christmas is **Καλά Χριστούγεννα.**

At New Year we say **Καλή Χρονιά.** Also, say it for a few days after and on first meeting people in the New Year.

At Easter we say **Καλό Πάσχα** (Have a good Easter).
For those who are religious we say **Καλή Ανάσταση** (a good resurrection), and on Easter Sunday, **Χριστός Ανέστη** (Christ is risen) answered by **Αληθώς Ανέστη** (He truly is risen).

At a christening we say **Να σας ζήσει!** May the baby have a good life.

At a wedding we say **Να ζήσετε!** May you have a good (long) life.

To congratulate someone for any achievement we say **Συγχαρητήρια!**

At a funeral we say **Συλλυπητήρια** (condolences)**, Να ζήσετε να τον / την θυμάστε, Ζωή σε μας/σας** (May you/we live to remember him/her) **or Αιωνία η μνήμη.** (Forever in our memory).

Can you fill in the missing words?
1. Καλημέρα _____ , τι κάνετε; Χριστός Ανέστη!
2. Πολύ _____ ευχαριστώ. _____ _____;
3. Σας αρέσουν τα σοκολατένια αυγά;
4. Ναι μου _____ αλλά μου _____ και τα κόκκινα αβγά.
5. Τι χαριτωμένο μωρό! _____ .
6. Πόσα κεράκια έχει το κέικ σας φέτος; _____ .

*You many need to look up some of these words.

Easy Everyday Dialogues 7
What do you like to do?

Use the Word Bank or dictionary to complete the following dialogue.

Τι σου αρέσει να κάνεις με τον ελεύθερο χρόνο σου;
What do you like to do in _____ free time?

Μου αρέσει να παίζω μπάσκετ και να κάνω παρέα με τους φίλους μου. Εσένα τι σου αρέσει να κάνεις;
I like to play _____ and hang out with my friends. What do you _____ to do?

Εμένα* μου αρέσει να πηγαίνω στην παραλία με τις φίλες μου για κολύμπι(μπάνιο).
I like to go to _____ with my girlfriends for a swim.

Με τι ασχολείσαι;
What do you _____? (spend your time doing or for work)

Δεν δουλεύω, σπουδάζω ακόμα. Μου αρέσουν τα μωρά και θέλω να* γίνω βρεφοκόμος. Εσύ;
I _____ work, I'm still studying. I _____ babies and I want to become a nurse for babies. You?

Δεν μου αρέσουν οι σπουδές, δουλεύω σ' ένα καφέ μπαρίστας.
I don't like to study, I'm _____ at a cafe as a barista.

Some grammar basics:

*The pronoun **Εμένα** is the accusative of εγώ and is used here for emphasis. It could have been left out competely and the sentence would still be complete.

*The word **να** in front of any verb indicates "to" do something. It is the present subjunctive. See examples below. This is only a small introduction as it is covered in more depth in Level 2 of this series.

Θέλω **να** είμαι καλό κορίτσι. I want to be a good girl.
Πρέπει να πάω σχολείο. I have to (**must**)go to school.
Να είσαι προσεκτικός. You (**must** is implied) be careful.

Tell me about yourself

Γεννήθηκα στο Σύδνεϊ, στην Αυστραλία, στις 5 Ιουνίου, το 2006.
Μεγάλωσα στο Άσμπουρι (Ashbury). **Πήγα** στο δημοτικό σχολείο του Ashbury που **ήταν** στη γειτονιά μου.
Ήμουν καλός μαθητής και **είχα** πολλούς φίλους.
Στο γυμνάσιο **έπρεπε** να πηγαίνω στο Ashfield με το λεωφορείο, γιατί **ήταν** λίγο μακριά για να πηγαίνω με τα πόδια.
Μου άρεσε να πηγαίνω στο σχολείο και με το ποδήλατο καμιά φορά.
Στη γειτονιά μου **είχε** πολλούς Έλληνες. Τώρα έχει πολλούς μετανάστες από άλλα μέρη, σαν την Κίνα, το Βιετνάμ, την Ινδία και το Πακιστάν. Έχει όμως μερικούς Έλληνες ακόμα και σήμερα.

Can you translate the highlighted past tense verbs above?

_____
_____
_____
_____
_____

Tell me about a friend

Η Χριστίνα είναι **καλή** μου φίλη. Είναι **ψηλή** (tall) με **κοντά ξανθά** (blond) **σγουρά** (curly) μαλλιά και **μεγάλα γαλανά** (blue) μάτια. Δουλεύουμε (we work) **μαζί** στο ίδιο ταξιδιωτικό γραφείο (travel agency) και **πολλές φορές** (many times) ταξιδεύουμε **παρέα** (we travel together). **Πέρυσι** (last year) πήγαμε στην Ιταλία και **πρόπερσι** (the year before last) στη(ν) Γερμανία. **Φέτος** (this year) σκεφτόμαστε (we plan) να πάμε (to go) στη(ν) Γαλλία και **μετά** (then) στην Ελλάδα για **να δούμε** (to see) τους συγγενείς μας (our relatives). Είμαστε και οι δυο **από το** ίδιο μέρος (the same area) της Μακεδονίας, από τη Δράμα.

Place the bold words and phrases in the correct boxes below.

Adjectives	Adverbs	Future Subjunctive	Meaning From

Speaking in Greek

Note: Choose the yellow if speaking about yourself (singular) and green (plural) if referring to more than one person or if using formal language with one person.
*Remember to pronounce all words carefully and clearly.

Πάω / **πάμε** για κολύμπι..
I / we are going for a swim.

Πάω στα μαγαζιά για ψώνια. Θέλεις κάτι;
I'm going the shops to go shopping. Do you want anything?

Θα **πάμε** στο σινεμά. Θέλεις να έρθεις;
We are going to the cinema. Do you want to come?

Future Simple Tense

RULE: Add the word **Θα** (will) in front of any verb to create the future tense. i.e. Θα είμαι (I will be) See examples for simple future tense.	
Θα πάω	I will go
Θα έρθω	I will come

Θα πάμε	We will go
Θα έρθουμε	We will come

Easy Everyday Dialogues 8 - At the Cafe

Fill in the spaces with the correct translation

Νίκο, πάμε για καφέ;
Niko, _____ for coffee?

Τι θα πάρετε;
What would you like?

Έναν φραπέ για μένα παρακαλώ.
A frappé (iced coffee) for me _____.

Θέλετε με ζάχαρη και γάλα ή σκέτο;
Would you like sugar and milk or _____?

Εγώ θέλω με γάλα αλλά χωρίς ζάχαρη.
Εσύ Νίκο τι θα πάρεις;
I want milk but no sugar.
Nick _____ will you have?

Έναν ελληνικό σκέτο, παρακαλώ..
A Greek black _____ please.
*σκέτο means without Sugar

Ευχαριστώ.
Thank you

Fun Fact

Θα πάρω literally means I will take. It can also mean I will have when used in ordering drinks and food. Θα παίρνω (I will be taking / having) is the continuous future tense of Θα πάρω.
*σκέτο means 'black' or 'plain'.

Easy Everyday Dialogues 9

 **Note:** The word κάνει (it makes) is a verb that can be used in the place of many other verbs. and in many situations.
*Remember to pronounce all words clearly.

The Weather - Ο ΚΑΙΡΟΣ

Τι καιρό κάνει σήμερα; Κάνει κρύο; Βρέχει;
What is the weather today? Is it cold? It is raining?

**Όχι, δεν κάνει κρύο και δεν βρέχει.
Έχει λιακάδα.**
No, it's not cold and it's not raining.
It is sunny.

Κάνει πολλή ζέστη;
Is it very hot?

Όχι, δεν κάνει πολλή ζέστη. Είναι ωραία μέρα
No, it is not very hot. It is a beautful day.

φυσάει / έχει αέρα	**It is windy**
κάνει κρύο	**It is cold**
κάνει ζέστη	**It is hot**
έχει ήλιο	**There is sun**
έχει ψύχρα	**It is chilly**
ψιχαλίζει	It is drizzling

Easy Everyday Dialogues 10
Είναι δικό μου   MINE

Δικός / δική/ δικό μου is a strong possessive pronoun and means **MINE** or **belonging to me.** Neuter is treated the same as the masculine.			
δικός μου (m) **δική μου (f)** **δικό μου (n)** mine	**δικός σου** **δική σου** **δικό σου** yours	**δικός του** **δική του** **δικό του** his	**δικός της** **δική της** **δική του** hers
δικός, δική, δικό μας ours	**δικός, δική, δικό σας** yours (pl)	**δικός, δική, δικό τους** theirs	**δικός, δική, δικό τους** theirs

αυτός / αυτή / αυτό is also the demonstrative pronoun equivalent to **this** or **that**.

Αυτό είναι δικό μου, δεν είναι δικό σου!

Ποιανού / ποιανής = **WHOSE**

Κάνεις λάθος, ούτε δικό σου είναι ούτε δικό μου. Είναι δικό του!

 Ποιανού είναι;

Είναι του Γιάννη το κινητό.

Και το δικό μου πού είναι;

Θα το άφησες* στο σπίτι!

Fun Fact

***άφησες** is the past tense of **αφήνω** (I leave something behind). **Θα το άφησες** means you may have left it (past simple)

Is it hers or his?
Αυτή η πράσινη βαλίτσα είναι της Ελένης;

Όχι δεν είναι δική της είναι δική του.

Look up any unknown words and translate the dialogues in the activities section.

Easy Everyday Dialogues 11
Where is he/she/it?

Fill in with the Greek words. Use the Word Bank to complete.

Πού είναι ο _____;
Where is Niko?

Ο Νίκος πήγε στο _____.
Nick went to the station.

Πού είναι ο _____;
Where is the station?

Ο σταθμός του τρένου είναι στην Πάτρα. Είναι _____.
The train station is in Patra. It is far.

Πού είναι το _____;
Where is the car?

Το αυτοκίνητο το πήρε η Αλεξάντρα.
Alexandra took the car.

Πού _____ η Αλεξάνδρα;
Where did Alexandra go?

Πήγε μια βόλτα _____ Πάτρα.
She went for a drive to Patra.

Πού είναι η _____ του λεωφορείου;
Where is the bus station?

Η στάση είναι _____ μας, _____ από το σπίτι μας.
The bus stop is close to us, across the road from our house.

Πού είναι το _____ μου; Θα πάω κι εγώ.
Where is my mobile? I'm going to go too.

Είναι στο τραπέζι. Καλό _____.
It's on the table. Have a good trip.

Easy Everyday Dialogues 12
Kefalonia by boat

Από πού φεύγει __ _____ για την Κεφαλονιά, παρακαλώ;
Where does the boat leave for Kefalonia, please?

Από τη Κυλλήνη.
From Killini.

Πόσο κάνει το εισητήριο;
_____ much is the ticket?

Κάνει είκοσι ευρώ το απλό ή τριάντα-πέντε ευρώ με επιστροφή.
It _____ twenty euros _____ or thirty five euros return.

Θέλω ένα με επιστροφή παρακαλώ.
I want one _____ please.

Τι _____ φεύγει;
What time does it leave?

Φεύγει σε μία ώρα ακριβώς, στις δύο το μεσημέρι.
It leaves in one hour _____, at 2 in the *afternoon**.

*το απόγευμα is afternoon but in Greece 2pm is still considered lunch time so they would say **το μεσημέρι**, however, in translation we can say afternoon. In Greece, people tend to have lunch later too.

62

Easy Everyday Dialogues 13
BOOKING A HOTEL

Θα ήθελα να κλείσω ένα δωμάτιο για δυο _____ στο ξενοδοχείο σας.
I would like to book a room for two nights at your hotel.

Μάλιστα, για πότε το θέλετε;
_____, when do you want it?

Για την Τετάρτη, δέκα Ιουνίου, παρακαλώ. Θέλω δίκλινο δωμάτιο με θέα.
For _____, tenth of June, please. I want a double room with a view.

Ωραία, όλα τα δωμάτιά μας _____ καλή θέα. Κοστίζει διακόσια πενήντα ευρώ. _____. Θα πληρώσετε με κάρτα ή με μετρητά;
Lovely, all our rooms have good views. It will be 250 euros. Will you be paying by card or cash?

Με _____ παρακαλώ.
With a card please.

Written exercise: Translate the dialogue below into English

At the beachside - Παραθαλάσσια

Πόσο κάνουν οι ξαπλώστρες (sunlounges) **παρακαλώ;**
Θέλετε ξαπλώστρες με σκιάδιο ή χωρίς σκιάδιο (sunshade)**;**
Θέλουμε με σκιάδη παρακαλώ.
Μάλιστα η κάθε ξαπλώστρα με σκιάδιο είναι εικοσιπέντε ευρώ για τέσσερις ώρες. Πόσες θέλετε;
Θα πάρουμε δύο, ευχαριστώ.

Easy Everyday Dialogues 14
Στην Ταβέρνα - At the taverna

Fill in the missing words in English or Greek as required.

Καλησπέρα σας. Ένα τραπέζι για _____ παρακαλώ;
Good evening. A table for three please.

Μάλιστα, περάστε.
Certainly, come in.

Τι θα πάρετε;
What would you like?

Μας δίνετε* τον κατάλογο παρακαλώ;
Can you give us the _____ please?

Βεβαίως!
Certainly!

Note: **Μας δίνετε*** is the polite form of the verb **δίνω** I give.

Θα θέλαμε μια μερίδα μακαρόνια με κιμά, μια παστίτσιο και μια χωριάτικη σαλάτα παρακαλώ. Έχετε φρέσκο ψάρι στη σκάρα;
We would like a serving of _____, a pastitsio and a Greek salad. Do you have grilled fish?

Μάλιστα έχουμε. Και τι θα πιείτε;
Yes we do. What will you have to _____?

Κόκκινο _____ για μένα. Κάρεν, τι κρασί προτιμάς;
Red wine for me. Karen, which wine do you prefer?

Δεν μου αρέσει το κρασί. Θα πάρω μια λεμονάδα. Εσένα, Αλεξάνδρα, τι σου _____;
I don't like wine. I'll take a lemonade. You, Alexandra, what do you like?

Μια μπίρα _____. Μου αρέσουν οι ελληνικές μπίρες ΦΙΞ.
A FIX beer please. I like the Greek FIX beers.

Η ΟΙΚΟΓΕΝΕΙΑ ΜΟΥ
Αυτή είναι η δική μου οικογένεια.

Στην οικογένειά μου είμαστε πέντε άτομα κι ένα σκυλάκι. Με λένε Μανόλη και είμαι εννέα χρονών. Είμαι στην τετάρτη τάξη δημοτικού. Τη μητέρα μου τη(ν) λένε Μαρία και δεν δουλεύει τώρα γιατί προσέχει την μικρότερη αδερφή μου τη Γιάννα.
Τον πατέρα μου τον λένε Γρηγόρη και είναι οδηγός λεωφορείου. Τη(ν) μεγάλη μου αδερφή την λένε Στέλλα και είναι στην έκτη τάξη δημοτικού. Το σκυλάκι μας το λένε Ζουζού και μας αγαπάει πολύ. Μένουμε σε ένα μονόροφο σπίτι στη(ν) Μελβούρνη. Το σπίτι μας έχει τρία υπνοδωμάτια, ένα μεγάλο σαλόνι, μια κουζίνα και δύο μπάνια. Έχει πολύ μεγάλη αυλή με πολλά δέντρα και λουλούδια.

Σωστό (True) ή (or) Λάθος (False);

Ο Μανόλης έχει δύο αδερφές.   Σ / Λ
Ο Μανόλης είναι στην έκτη δημοτικού.   Σ/Λ
Η μητέρα του δεν δουλεύει.   Σ/Λ
Έχουν κατοικίδιο ζώο.   Σ/Λ
Ο πατέρας του Μανόλη είναι οδηγός.   Σ/Λ

Write out unknown words and check them in the dictionary. Start your own databank of Greek words.

Η ΟΙΚΟΓΕΝΕΙΑ ΜΟΥ
Αυτή είναι η δική μου οικογένεια.

Στην _____ μου είμαστε πέντε_____ κι ένα σκυλάκι. Με λένε _____ και είμαι εννέα _____. Είμαι στην _____ τάξη δημοτικού. Τη _____ μου τη(ν) λένε Μαρία και δεν _____ τώρα γιατί _____ την μικρότερη _____ μου τη Γιάννα.

Τον _____ μου τον λένε Γρηγόρη και είναι _____ λεωφορείου. Τη(ν) _____ μου αδερφή την λένε Στέλλα και είναι στην _____ τάξη δημοτικού. Το σκυλάκι μας το _____ Ζουζού και μας _____ πολύ.

Μένουμε σε ένα _____ σπίτι στη(ν) Μελβούρνη. Το σπίτι μας έχει τρία _____, ένα μεγάλο _____, μια κουζίνα και δύο _____. Έχει πολύ μεγάλη αυλή με _____ δέντρα και _____.

Listening Activity
Ask someone to read you the previous page or record yourself reading the page and listen to the recording. Fill in the missing words and then check your work and your spelling.

Something to think about
What is the English translation of the title in the picture? What is the difference between the first and second lines of the title? Can there be more than one type of translation?

Write about your family
Γράψε κάτι για τη δική σου οικογένεια.

Doggilogues

Κουβέντες με τον Μπόμπι

Give your sounds a work out with Bobby!

What are the Doggilogues?

This section is for those who know some Greek and would like to pick up some colloquial language.

The Doggielogues are dialogues between a helpful and happy dog called Bobby who lives in Athens and all the animals he meets around the Athens area. It aims to use everyday language with some humour, while using a Greek cultural and geographical background. The Doggielogues book, which has some bilingual features includes many more stories with language activities. The main characters in the stories included here are those shown below.

Mangas

Bobby

Kelly

Byron

Koutornithi

Electra

Socrates

Doggilogue 1 - Ο Μάγκας - Mangas

Γεια σου μάγκα, τι κάνεις;
Hi manga (dude) how are you?

Πώς ξέρεις το όνομά μου;
How do you know my name?

Μάγκα σε λένε;
Is Manga your name?

Ναι γιατί; Έχεις πρόβλημα;
Yes why? Do you have a problem?

Όχι, κανένα πρόβλημα. Είσαι μάγκας και σου φαίνεται!
No, no problem. You are a manga as can be seen!

Μάγκας με τ'όνομα μάλιστα!
Mangas by name as well!
Εσένα πώς σε λένε; What's your name?

Fun Facts

A **mangas** in Greek is a wise guy, macho and tough guy, popular in the Rebetiko counter-culture. **Κουτορνίθι**, the name of our bird, means bird brain but this bird is very smart!

Κουτορνίθι

Με λένε Μπόμπι. My name is Bobby.

Μπόμπι έ; Ξένος είσαι;
Bobby eh? Are you a foreigner?

Όχι, από 'δω είμαι. Μένω στη(ν) Πλάκα.
No, I'm from here. I live in Plaka.

Α! Τώρα κατάλαβα, χρυσό μου!
Now I understand, my dear (gold) one!

Τι κατάλαβες;
What do you understand?

Πως περνάς καλά. That you have a good life.

Κι εσύ από πού είσαι; And where are you from?

Εγώ είμαι από τα Εξάρχεια και δεν σηκώνω πολλές κουβέντες, άντε γεια!
I am from Exarchia and I can't stand chatter, so bye!

Εντάξει, καλό απόγευμα. Okay, have a good afternoon.

Γεια χαρά! Goodbye!

Η Ηλέκτρα - Electra

Καλημέρα Ηλέκτρα, τι κάνεις;
Good morning Electra, how are you?

Εγώ είμαι καλά, εσύ όμως τι κάνεις εδώ; Δεν επιτρέπονται τα σκυλιά στα αρχαία.
I'm fine but what are you doing here? Dogs aren't allowed on ancient sites.

Δεν είναι αλήθεια αυτό. Εσύ γιατί είσαι εδώ;
That's not true. Why are you here?

Εγώ δεν είμαι σκύλος, είμαι γάτα. Κοίτα μην μας* κατουρήσεις πουθενά και βρωμίσει ο τόπος.
I'm not a dog I'm a cat. Be careful you don't piss anywhere and stink the place up.

**Νομίζεις πως μόνο εσύ έχεις τρόπους;
Είσαι μια τεμπέλα που κοιμάται όλη μέρα.**
Do you think you are the only one with manners? You are lazy and sleep all day.

Δεν είμαι τεμπέλα. Δουλειά κάνω. Ψυχαγωγώ τους τουρίστες!
I'm not lazy. I'm working. I entertain the tourists.

*Μη μας means do not do something to us.

Φύγε τώρα γιατί με εκνευρίζεις.
Leave now because you make me mad.

Είσαι πολύ στρίγλα! You are such a shrew!.

Κι εσύ πολύ... λαϊκός! Δε μας παρατάς!
And you are so common! Get lost!

Φεύγω, μη σηκώσω πόδι!
I'm leaving before I lift a leg!

Πριν φύγω, θα περάσω να δω τις Καρυάτιδες λίγο, να περάσει η ώρα και μετά θα πάω στο μουσείο της Ακρόπολης, μήπως τους περισσεύει κανένα κόκκαλο, όχι αρχαίο βέβαια. Εμένα μου αρέσουν τα φρέσκα κόκκαλα από την κουζίνα του εστιατορίου. Ο μάγειρας είναι καλός μου φίλος και πάντα με προσέχει αλλά μην το πείτε στην Ηλέκτρα, γιατί ζηλεύει και θα μου βγάλει τα μάτια.

Ο Βύρωνας - Byron

Παρακάτω προς την Ομόνοια, ο Μπόμπι βρίσκει έναν πολύ ευγενικό ποντικό που φαίνεται λυπημένος. Further down at Omonia Square, Bobby finds a very polite, sad looking, mouse.

Καλημέρα, τι σου συμβαίνει;
Good morning, What's the matter?

Καλημέρα σας. Έχω χαθεί.
Good morning. I'm lost.

Από πού έρχεσαι;
Where do you come from?

Από την Αγγλία. From England.

Και πώς από 'δώ; What are doing here?

Ήρθα για μια βδομάδα να δω τα αξιοθέατα της Αθήνας αλλά έχω χαθεί.
I came to see the sites of Athens but I'm lost.

Τι θέλεις να δεις; What do you want to see?

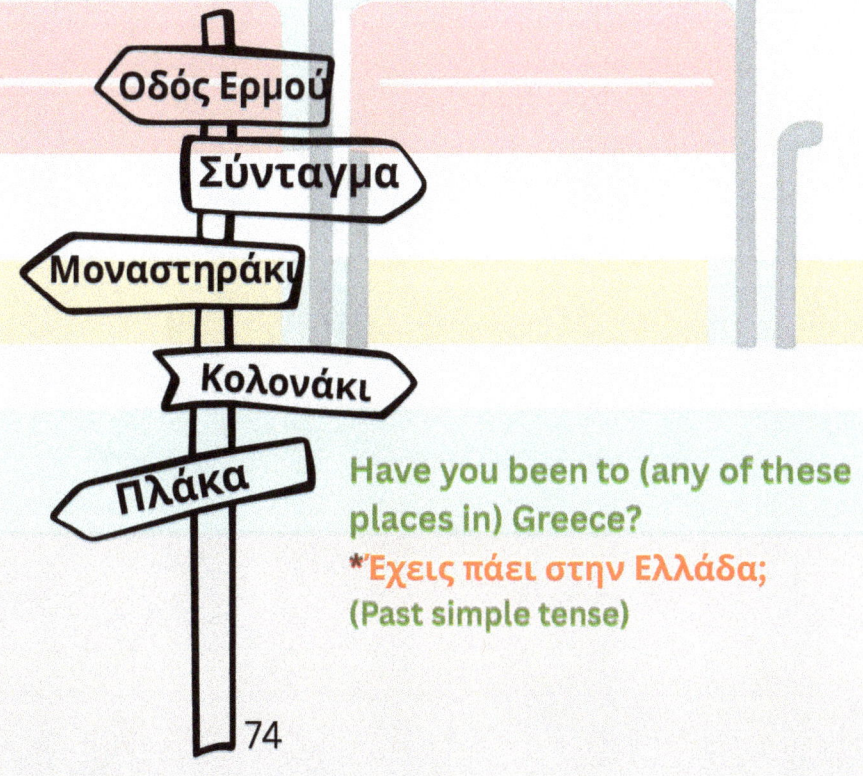

Have you been to (any of these places in) Greece?
*Έχεις πάει στην Ελλάδα;
(Past simple tense)

Θα ήθελα να δω το άγαλμα του Λόρδου Βύρωνα.
I would like to find the stature of Lord Byron.

Ξέρω που είναι. Είναι στο Ζάππειο. Θα χρειαστείς ένα(ν) χάρτη. I know where it is. It is at the Zappio. You will need a map.
Πού να το(ν) βρω; Where do I find it?

Υπάρχουν τουριστικοί χάρτες της Αθήνας σε όλα τα περίπτερα. Πώς σε λένε; There are tourist maps of Athens at all the kiosks. What is your name?

Με λένε Βύρωνα.
My name is Byron.

Δε φαίνεσαι για λόρδος όμως. Εμένα με λένε Μπόμπι.
You don't look like a lord though. My name is Bobby.

Χάρηκα.
Pleased to meet you.
Μπόμπι, μήπως ξέρεις που μπορώ να πάω να μάθω λίγα ελληνικά;
Bobby, would you know where I can go to learn some Greek.

Αμέ! Ξέρω κάποιον. Τον Σωκράτη, που μένει πάνω στον Λυκαβηττο. Of course. I know someone. Socrates, who lives on Lykavitto hill.

Μπορεί να έρχεται στο ξενοδοχείο μου; Είναι το ξενοδοχείο Μεγάλη Βρεταννία;
Can he come to my hotel? It is the hotel the Grande Bretagne?

Κοίταξε Βύρωνα, ο Σωκράτης είναι λίγο ηλικιωμένος, και είναι και πολύ αργός στο περπάτημα.
Look here Byron. Socrates is a little old and he is also very slow at walking.

Καλά, δεν μπαίνει σε αυτοκίνητο ή σε ταξί;
Well, can't he get into a car or a taxi?

Τα πόδια του δεν φτάνουν για να μπει σε ταξί;
His legs don't reach to get into a car or a taxi.

Πάντως θέλω να τον γνωρίσω.
However, I would like to meet him.

Πάμε να τον βρούμε! Let's go find him.

Στον Λυκαβηττό - At Lycabettus

Στο Λυκαβηττό ο Μπόμπι και ο Βύρων ψάχνουν να βρουν τον Σωκράτη. "**Θα τον βρείτε στο πιο ψηλό σημείο του λόφου στην εκκλησία του Αϊ Γιώργη**", τους είπαν. Δυστυχώς όταν έφτασαν στο πάνω μέρος του λόφου, ο Σωκράτης έλειπε. Έμαθαν πως πήγε για επίσκεψη στο Κορυδαλλό να δει τους δικούς του που μένουν στην Πλατεία Μέμου.

Για πόσο καιρό πήγε; How long did he go for?

Για μία μέρα; For one day.

Και πότε θα γυρίσει;
And when does he get back (return)?

Του χρόνου το καλοκαίρι! Next year in Summer!

Κέλι - Kelly

Ένα απόγευμα στο Ζάππειο, ο Μπόμπι βρίσκει ένα κοκατού.
In the afternoon at Zappio, Bobby finds a cockatoo.

Καλησπέρα. Από πού είσαι;
Good afternoon. Where are you from?

Είμαι από την Αυστραλία και με λένε Κέλι.
I'm from Australia and my name is Kelly.

Πέταξες από τόσο μακριά; You flew so far?

Τι με πέρασες για Τζάμπο τζετ; Με κρουαζιέρα ήρθα. What do you think I am a jumbo jet? I came with a cruise ship.

Σκέφτομαι να μείνω στην Ελλάδα για το καλοκαίρι.
I am thinking of staying in Greece for the summer

Ψάχνεις κάτι; Are you looking for something?

Ναι, μήπως ξέρεις κανέναν μεσίτη να βρω σπίτι;
Yes, would you know any agent so I can find a house?

Έχεις κοιτάξει* στο διαδίκτυο, στην ιστοσελίδα σπιτόγατος.gr;
Have you checked on the internet on the spitogatos.gr (housecat) website?

Αα, με γάτες δεν τα πάω καλά.
Oh, I don't get along with cats.

> **Έχεις κοιτάξει*** Past simple meaning **have you looked at.**

Όχι, δεν έχει γάτες, έτσι λέγεται η ιστοσελίδα τους.
No, there are no cats, that's what their webpage is called.

Μήπως είσαι βαλτός* και θέλεις να με φάν' οι γάτες;
Are you purposely trying to get me eaten by cats?

Εγώ είμαι σκύλος. Τι δουλειά έχω εγώ με γάτες;
I'm a dog. What do I have to do with cats?

Κι όμως σε πρόσεξα νωρίτερα που μιλούσες με μια γάτα στην Ακρόπολη.
And yet I noticed you speaking to a cat earlier today at the Acropolis.

**Εκείνη ήταν η Ηλέκτρα.
Δεν της αρέσουν τα σκυλιά και πάντα με διώχνει.**
That was Electra. She doesn't like dogs and always chases me away.

> **Είσαι βαλτός*** means **has someone put you up to this.**

Match the picture with the best matched word

🐶	δάσκαλος	πετάει
τουρίστας	🐕	τεμπέλα
🐱	καλός	🦜
🐭	μαύρος	🐢

WORD BANK

Useful words At the Beach

αυτοκίνητο	car
κινητό	mobile phone
στυλό	pen
σαγιονάρες	thongs
ομπρέλα ηλίου	sun unbrella
ξαπλώστρα	sunbed
πετσέτα	towel
παραλία	seaside
παντόφλες	slippers
ηλιακή κρέμα	sun cream
ταξί	taxi cab
γυαλιά ηλίου	sun glasses
ώρα	time
εμφιαλωμένο νερό	bottled water
δροσερό νερό	cool water

Family & People

ο άντρας μου	my husband
η γυναίκα μου	my wife
ο γιος μου	my son
η κόρη μου	my daughter
ο παππούς	the grandfather
η γιαγιά	the grandmother
ο θείος	the uncle
η θεία	the aunt
το παιδί	the child
τα παιδιά	the children
ο ξάδερφος	the cousin (m)
η ξαδέρφη	the cousin (f)
η πεθερά	mother-in-law
ο πεθερός	father-in-law
η εγγονή	grandaughter
ο εγγονός	grandson

Adjectives

Adjectives also come in masculine. feminine and neuter genders. They must agree with the nouns used. Adjectives are all the colours, the numbers and all desriptive words. See examples below.

Maculine	Feminine	Neuter	English
μικρός	μικρή	μικρό	small, little, younger
μεγάλος	μεγάλη	μεγάλο	large/big/older
ωραίος	ωραία	ωραίο	lovely / beautiful
όμορφος	όμορφη	όμορφο	beautiful
κοντός	κοντή	κοντό	short
ψηλός	ψηλή	ψηλό	tall
γερός	γερή	γερό	strong
λεπτός	λεπτή	λεπτό	slim / thin
γελαστός	γελαστή	γελαστό	smiling

Example:

Το μεγάλο, κίτρινο λεωφορείο.

The large, yellow bus.

THE COLOURS

κόκκινο	red
μπλέ	blue
κίτρινο	yellow
πράσινο	green
γαλάζιο	sea blue
καφέ	brown
μαύρο	black
ροζ	pink
μοβ	purple
άσπρο	white
γαλανό/ γαλάζιο	sky blue
ανοιχτό πράσινο	light green
σκούρο μπλε	dark blue
βυσσινί	crimson

NUMBERS

Greek	Number	Pronunciation
ένα	1	e-na
δύο	2	thi-o
τρία	3	tri-a
τέσσερα	4	te-se-ra
πέντε	5	pen-de
έξι	6	ek-si
επτά / εφτά	7	ep-ta
οκτώ / οχτώ	8	ok-to
εννιά / εννέα	9	e-nya / e-ne-a
δέκα	10	the-ka
έντεκα	11	en-the-ka
δώδεκα	12	tho-the-ka
δεκατρία	13	the-ka-tree-a
δεκατέσσερα	14	the-ka-te-se-ra
δεκαπέντε	15	the-ka-pen-de

To see how the numbers ένα, τρία and τέσσερα are declined please see pages 43 and 52 as they change depending on the gender of the noun which follows them.

DAYS OF THE WEEK

Η μέρα- οι μέρες	The day/days
ΔΕΥΤΕΡΑ Δευτέρα	Monday
ΤΡΙΤΗ Τρίτη	Tuesday
ΤΕΤΑΡΤΗ Τετάρτη	Wednesday
ΠΕΜΠΤΗ Πέμπτη	Thursday
ΠΑΡΑΣΚΕΥΗ Παρασκευή	Friday
ΣΑΒΒΑΤΟ Σάββατο	Saturday
ΚΥΡΙΑΚΗ Κυριακή	Sunday
Σαββατοκύριακο	Weekend
Η εβδομάδα	The week
χτες	yesterday
αύριο	tomorrow
μεθαύριο	The day after tomorrow

Notice that most of the days of the week are feminine and only Saturday is neuter. ie. η Δευτέρα, το Σάββατο.

THE MONTHS

Ο μήνας, οι μήνες	The month(s)
Ιανουάριος	January
Φεβρουάριος	February
Μάρτιος	March
Απρίλιος	April
Μάιος	May
Ιούνιος	June
Ιούλιος	July
Αύγουστος	August
Σεπτέμβριος	September
Οκτώβριος	October
Νοέμβριος	November
Δεκέμβριος	December

Note: All the months have a masculine gender. ie. Ο Ιανουάριος, Ο Φεβρουάριος etc.

Countries - Nationalities - Languages

Ελλάδα	Έλληνας / Ελληνίδα	ελληνικά
Αυστραλία	Αυστραλός / Αυστραλέζα / Αυστραλή	αγγλικά
Ιταλία	Ιταλός / Ιταλίδα	ιταλικά
Γερμανία	Γερμανός / Γερμανίδα	γερμανικά
Αίγυπτος	Αιγύπτιος / Αιγύπτια	αραβικά / αιγυπτιακά
Κίνα	Κινέζος / Κινέζα	κινέζικα
Γαλλία	Γάλλος / Γαλλίδα	γαλλικά
Λίβανος	Λιβανέζος / Λιβανέζα	αραβικά / λιβανέζικα
Ιαπωνία	Ιαπωνέζος / Ιάπωνας / Ιαπωνέζα	ιαπωνέζικα
Καναδάς	Καναδός / Καναδή / Καναδέζα	αγγλικά / γαλλικά
Ισπανία	Ισπανός / Ισπανίδα	ισπανικά
Ινδία	Ινδός / Ινδή	ινδικά
Μεξικό	Μεξικάνος / Μεξικάνα	μεξικάνικα
Αγγλία	Άγγλος / Αγγίδα	αγγλικά
ΗΠΑ - Αμερική	Αμερικάνος / Αμερικάνα	αγγλικά
Ρωσία	Ρώσος / Ρωσίδα	ρωσικά

Directions

αριστερά	left
δεξιά	right
ευθεία	straight ahead
μπροστά	in front/ forward
πίσω	behind
πάνω	on top/up
κάτω	under/ down
δίπλα	next to/beside
απέναντι	opposite
κοντά	close
μακριά	far

Are you able to use any of the words above to show where something is?

At Home

το σπίτι	house / home
το δωμάτιο	the room
η κάμαρα	the room
το σαλόνι	living room
η κουζίνα	kitchen & stove
η τουαλέτα	toilet
το μπαλκόνι	balcony
η βεράντα	verandah
τα δέντρα	trees
το παράθυρο	window
ο τοίχος	wall
τα σκαλιά	steps
ο όροφος	the floor (level)
το πάτωμα	the floor

Can you describe some basic features of your house using the vocabulary above?

Travel Terms

εισητήριο	ticket
να κλείσω θέση	book a seat
κράτηση	a booking
αεροπλάνο	plane
καράβι	ship
μονόκλινο	one bedder
δίκλινο	two bedder
τρίκλινο	three bedder
μετρητά	cash
πιστωτική κάρτα	credit card

CLOTHING

φόρεμα	dress
παντελόνι	pants
πουκάμισο	shirt
μπλούζα	blouse
γραβάτα	tie
καπέλο	hat
παπούτσια	shoes
κάλτσες	socks
παλτό	coat
πέδιλα / σανδάλια	sandles
εσώρουχα	underwear

FOODS

αβγά / αυγά	eggs
γάλα	milk
τσάι	tea
μακαρόνια	pasta
ρύζι	rice
ζάχαρη	sugar
καφές	coffee
ψωμί	bread
κοτόπουλο	chicken
κρέας	meat
ψάρι	fish
ντομάτες	tomatoes
μήλα	apples
λεμόνια	lemons
πορτοκάλια	oranges
μπανάνες	bananas
αλεύρι	flour
βρώμη	oats

Adverbs of Time   Adverbs of Place

σήμερα	today	εδώ	here
χτες	yesterday	εκεί	there
αύριο	tomorrow	πάνω	above / up
τώρα	now	κάτω	below / down
μετά	later	δίπλα	next to
ύστερα	after / later	απέναντι	opposite
απόψε	tonight	πίσω	behind
αργότερα	later	παντού	everywhere
αμέσως	straight away	πουθενά	nowhere / anywhere
ακόμη	still	μακριά	far away
σύντομα	soon	κοντά	close by
πριν	before	έξω	outside / out
μεθαύριο	day after tomorrow	μέσα	in / inside

Adverbs of Manner		Adverbs of Frequency	
πολύ	a lot	πάντοτε	always
αρκετά	enough	συχνά	often
καλά	well	συνήθως	usually
γρήγορα	fast	σπάνια	hardly ever
αργά	slowly	ποτέ	never
μόλις	just	καμιά φορά	sometimes
προσεχτικά	carefully	κάποτε	some time
σχεδόν	about	κάθε τόσο	every now and then
μόνο	only	κατά καιρούς	at times
μαζί	together	πάλι	again
απολύτως	completely	καθημερινά	each / every day
καθόλου	not at all	μερικές φορές	sometimes

SPEAKING ACTIVITIES & REVISION

Activity 1 - Alphabet & Sounds

How many letters are there in the Greek alphabet? _____

Do you know the alphabet? If so, write it here in GREEK.
_____
_____
_____

How many "i" sounds are there in the Greek alphabet? What are they?
_____

How many "o" sounds are there? What are they?
_____

Write 'd' in Greek _____ Write 'b'? in Greek _____

How many ways are there to write the 's' in Greek and what are they?
_____

Which letters in the Greek alphabet do not exist in English?
_____

Which letters look the same as in English but sound different?
_____

Which letters look similar and sound the same as in English?
_____

What does the Greek question mark look like? _____

Write your name in Greek letters _____

Write the **lower case** of these words: ΕΛΕΦΑΝΤΑΣ, ΑΥΣΤΡΑΛΟΣ, ΤΑΞΙΔΙ
_____

Write these words in the **upper case**: ψαλίδι, ρολόι, καπέλο
_____

Write your friend's name here: _____

PRONOUNS

Which pronouns are missing?

Activity 2

Write all the personal pronouns in their basic form below. Can you write a sentence for each one using any verbs, nouns and/or adjectives that you have learnt so far?

Πώς;

▶ Πώς σε λένε; ▶ Με λένε Μανόλη.

▶ Πώς ονομάζεσαι; ▶ Ονομάζομαι Μαρία.

▶ Πώς λέγεσαι; ▶ Λέγομαι Γιάννης.

There are a number of ways you can say what your name is in Greek.

Activity 3

Read the example above and then answer the questions in full sentences, in Greek.

ΛΕΓΟΜΑΙ - I am called

εγώ λέγομαι — I am called
εσύ λέγεσαι — You are called
αυτός / αυτή/ αυτό λέγεται — He/she/it is called
εμείς λεγόμαστε — We are called
εσείς λέγεστε (λεγόσαστε) — You (pl) are called
αυτοί / αυτές/ αυτά λέγονται — They are called

Can you complete the exercise below for the verb ονομάζομαι (I am named) using the above as an example?

Εγώ ονομάζ____
εσύ ονομάζ____
αυτός/ αυτή/ αυτό ονομάζ_____
Εμείς ονομαζ_____
εσείς ονομάζ_____ or ονομαζό_____
αυτοί/ αυτές/ αυτά ονομάζ_____

Activity 4 Create a text about yourself. Include your name and where you are from.

Speaking Skills - QUESTIONS
Speaking Activity 5 WHAT?
Answer the following question according to the example.

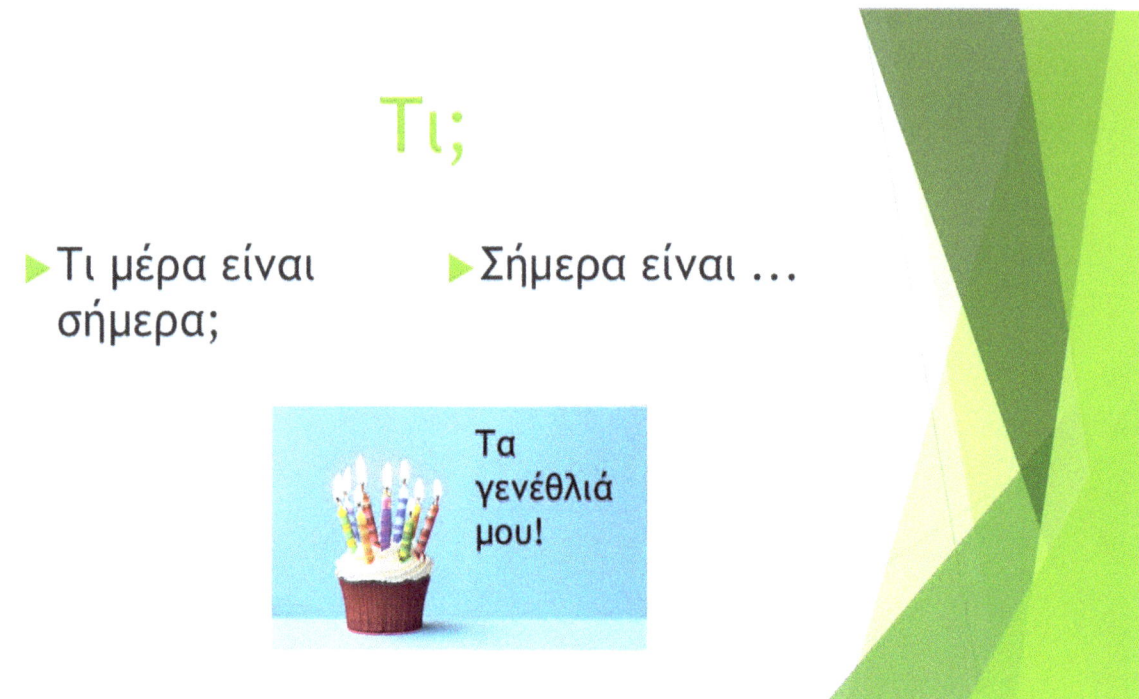

▶ Τι μέρα είναι σήμερα;   ▶ Σήμερα είναι …

SPEAKING ACTIVITY 6

Can you answer the following questions with your own answers? Now, ask the questions below to a fellow student.

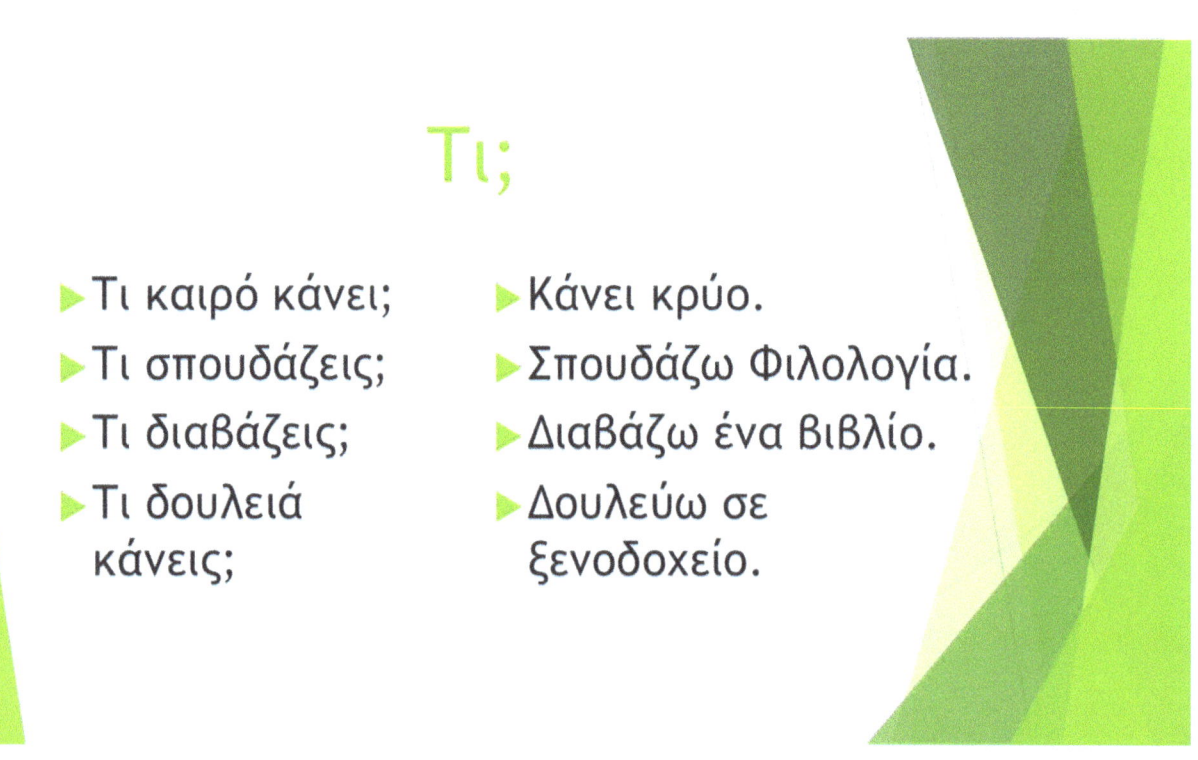

▶ Τι καιρό κάνει;   ▶ Κάνει κρύο.
▶ Τι σπουδάζεις;   ▶ Σπουδάζω Φιλολογία.
▶ Τι διαβάζεις;   ▶ Διαβάζω ένα βιβλίο.
▶ Τι δουλειά κάνεις; ▶ Δουλεύω σε ξενοδοχείο.

Speaking Activity 7 Who?

Answer all the questions below

Ποιος; Ποια; Ποιο;

- ▶ Ποιος είσαι;
- ▶ Ποια είναι;
- ▶ Ποιο είναι;

- ▶ Είμαι ο Γιώργος.
- ▶ Είναι η αδελφή μου.
- ▶ Είναι το παιδί μου.

Speaking Activity 8 Where?

Answer all the questions below then ask your friends for their answers.

Πού

- ▶ Πού είσαι;
- ▶ Πού γεννήθηκες;
- ▶ Πού μένεις;

- ▶ Είμαι στο πανεπιστήμιο.
- ▶ Γεννήθηκα στην Ιταλία.
- ▶ Μένω στο Γκλιμπ.

Speaking Activity 9 When?

Πότε;

▶ Πότε θα φύγεις; ▶ Θα φύγω την Παρασκευή.

▶ Πότε θα κάνεις μπάνιο; ▶ Θα κάνω μπάνιο το πρωί.

Make up your answers for Activities 9 and 10.

Activity 10 - Every how often?

Κάθε πότε;

▶ Κάθε πότε παίζεις τένις; ▶ Κάθε Σάββατο.
▶ Παίζω τένις κάθε Σάββατο.

Written Activity 11 Write about yourself in GREEK

Πώς σε λένε;
_____

Πόσων χρονών είσαι;
_____

Από πού είσαι;
_____

Πού μένεις;
_____

Με τι ασχολείσαι;
_____

Ποιες γλώσσες μιλάς;
_____

Κάθε πότε βλέπεις τηλεόραση;
_____

Ποια φαγητά σου αρέσουν;
_____

Τι δεν σου αρέσει να κάνεις;
_____

Πώς πηγαίνεις στη δουλειά ή στο σχολείο;
_____

Τι καιρό κάνει τώρα;
_____

Activity 12 How much?

Πόσο;

▶ Πόσο κάνει αυτό;   ▶ Αυτό κάνει 5 ευρώ.

Create questions and answers for the following items. Remember to use κάνουν for plural objects.

Activity 13 Mine not yours

POSSESSIVE PRONOUN MINE

Το αρκουδάκι μου!
Είναι δικό μου!
Όχι δεν είναι δικό σου!
Είναι δικό μου!

WRITING & SPEAKING ACTIVITY

Write some sentences about some items (like the items below) that belong to you and some that do not belong to you as in the example above. Make sure you use the correct form of the possessive pronoun:

δικός μου (masc), δική μου (fem), δικό μου (neut). Make up questions to ask others about these items.

Word and Writing Activities

1. Add the **τόνο** (accent) to the words below. You may need to look them up.

   τετραδιο   παιχνιδι   ομαδα   τηλεοραση   καμπανα
   εκκλησια   γιορταζω   τρεχω   μαγειρευει   ζημωνει
   ψωμι   πανηγυρι   γενεθλια   μοτοσικλετα   αδιαβροχο

2. Rewrite the following passage with the correct spacing and punctuation.

   Σημεραπηγαστηδουλειαμετολεωφορειογιατιχαλασετοαυτοκινητο μουΤηνΚυριακηεχωναπαωσταγενεθλιατουφιλουμουστηνΠατρα καιθαπαρωτοτρενο.

3. Unjumble the following words, and add the accents to the words, to form proper sentences.

   α) θα δουλεια παω, σημερα στην.
   _____

   β) παρκο βρεχει δεν στο.
   _____

   γ) Ελισαβεθ μου Η φιλη είναι.
   _____

   δ) Γιωργος ο γιατρός μαμας μου ειναι της Ο.
   _____

4. Can you reply to this invitation? Write one response accepting and one response saying you can't go and why.

**ΣΑΣ ΚΑΛΩ
ΣΤΑ ΓΕΝΕΘΛΙΑ ΜΟΥ**

Είσαστε καλεσμένοι στα γενέθλιά μου, την Τετάρτη το βράδυ, στις 7, στην ταβέρνα το Στέκι !

Rules for the Monotonic Accent System
by Dr Alfred Vincent

1. In Greek, as in English, one syllable in a word or phrase is stressed, i.e. pronounced more loudly than the others. This stressed syllable is marked in writing by an acute accent. This is the only accent-sign now used in Greek.
Examples: Καλημέρα, ονομάζομαι Μαρία.

2. In general, any word of two or more syllables will have an accent indicating the syllable which is stressed in pronunciation.
Examples: σήμερα, αύριο, καληνύχτα, Γιάννη.

3. Monosyllabic words do not normally receive an accent.

4. Words written entirely in capitals do not take an accent.
Examples: ΕΛΛΑΔΑ, ΑΘΗΝΑ, ΚΑΦΕΤΕΡΙΑ

5. In words beginning with a capital, such as a name, or at the beginning of a sentence, if the first syllable is stressed the accent is placed before the capital letter.
Examples: Άννα. Έλα.....

6. When two letters stand for a single vowel sound (αι = e, ει, οι, and υι = i). then the second letter takes an accent if needed. The same applies to the combinations αυ (= av & af), ευ (=ev & ef) , ηυ (= iv).
Examples: παίρνει, δείχνει, αύριο, Παύλος, φεύγω.

7. When a two-syllabled word has dropped a final unstressed vowel (which is replaced by an apostrophe), the word still takes an accent.

Examples: Λίγα από όλα becomes Λίγ'απ'όλα.
Είναι ανάγκη becomes είν'ανάγκη.
Φέρε το becomes φέρ'το.

8. The only exception to rule 2 occurs when an initial stressed vowel is dropped and is replaced in writing by an apostrophe.
Examples: Θα ήθελα becomes θα 'θελα
Μου έδωσε becomes μου 'δωσε
Μου είπε becomes μου 'πε

9. Rules 9-13 are exceptions to rule 3, on monosyllabic words. The word ή meaning "or" is written with an accent so that it can be distinguished from the article η.
Examples: ή η Άννα ή η Μαρία, ο Παύλος ή ο Πέτρος

10. The interrogative (questioning) word πού ("where?") is written with an accent to distinguish it from που meaning "which" or "that":
Examples: πού πήγε; Δεν ξέρω πού είναι.
But: Αυτό που σου είπα. Αυτό που θέλεις.

11. The interrogative (questioning) word πώς; ("how?") takes an accent to distinguish it from πως meaning "that":
Examples: Πώς σε λένε; Πώς πας; Πώς είσαι;
But: Μας είπε πως τον λένε Βασίλη. Ξέρω πως είσαι καλό παιδί.

12. The weak pronoun forms μου, σου, του, της, τον, την, το, μας, σας, τους, τα ONLY take an accent in cases of ambiguity.
Examples: Ο παπαγάλος μου μίλησε = "My parrot spoke" as opposed to
Ο παπαγάλος μού*μίλησε = "The parrot spoke to me".
*The accent shows that μου relates to the following word.

13. Monosyllabic words when pronounced as one unit with the verb forms βγω ("go out"), βρω ("find"), μπω ("go in"), 'ρθω (έρθω – "come") in any person or number take an accent when the verb itself is unstressed in pronunciation and its stress passes to the previous monosyllable. These phrases can also be pronounced with stress on the verb, in which case it will receive the written accent as normal.
Examples: Θα έρθει becomes θάρθει (pronounced THArthi) as opposed to θα'ρθεί (pronounced tharTHI). Also
θα βρεις becomes θά βρεις in Cavafy's poem Η Πόλις – "δεν θά βρεις άλλες θάλασσες"

14. The letters or groups ι, ει, υ, οι, γι, γει, γυ are pronounced like the English y when followed by a vowel. Hence words such as για, γεια, πιο, ποιος, γιος are monosyllables and do not take an accent.

15. Μία and δύο can be pronounced as either one or two syllables. Therefore, they can be written with or without an accent. The accented form is generally more emphatic.
Examples: Είπα να χτυπήσεις δύο φορές, όχι μία ή τρεις.

16. When a word accented on the third syllable from the end is followed by an enclitic, it receives a secondary stress in pronunciation, and a second written accent is placed on the final syllable. This applies to nouns followed by possessives as in the examples below.
Examples: τα πράγματά μου, το όνειρό του.
Also, the verb forms (imperatives or participles) followed by an object pronoun as in the following examples:
ρώτησέ τον, βλέποντάς τους, απάντησέ της.

In the past some writers used a hyphen, as in ρώτησέ-τον, but this is not accepted practice.

17. If an imperative accented on the second-last syllable is followed by two object pronouns, the first will take an accent.
Examples: Φέρε μάς τα, πάρε τού την.
However, following Rule 3, a monosyllabic imperative form takes no accent, even when followed by two enclitics.
Examples: πες μου το.

18. The diaeresis (διαλυτικά) is used when the letters in αι, ει, οι, υι, αυ, ευ or ηυ are pronounced separately; for example, when αι represents a-i instead of e.
Examples: αϊτός, Αδελαΐδα, γαϊδουράκι, παϊδάκι (meaning "cutlet", as opposed to παιδάκι meaning "child").

Note that the diaresis is not used when the first letter of the pair takes an accent, which is sufficient to show that the letters retain their original pronunciation.
Examples: Κάιρο.
Κοροϊδεύω ("I make fun of") becomes κορόιδεψα ("I made fun of") in the past tense).

Dr Alfred Vincent was for twenty-five years a staff member in the Modern Greek Studies programmes at the University of Sydney, Australia, where he is now an affiliate. He continues to research in the field of early Modern Greek society and culture, especially on Crete and other areas ruled by Venice in the 16th and 17th centuries. Other interests include Greek music and Balkan studies. Alfred has a PhD from the University of Cambridge and an Honorary Doctorate from the University of Crete.

How much Greek have you learnt so far? Tick off your progress.

Can you say your name?	
Can you say where you are from?	
Can you say where you live?	
Can you greet people in Greek?	
Can you say something about what you like and what you do not like in Greek?	
Can you say something about your family?	
Have you learnt vocabulary you did not know before?	
Are you ready for Book 2?	

ANSWER KEY AVAILABLE VIA THE QR CODE

Other Greek Readers and Study Guides in the Θέλω να μάθω ελληνικά I Want to Learn Greek by Eleni Elefterias

1 Greek Beginners WORKBOOK will be available for access via the QR Code. Free downloadable worksheets will be uploaded in future for students and teachers to use.

Doggielogues

This is really aimed at adults. It is a collection of original and amusing stories using the colloquial everyday Greek language. Some of the stories have been included in this text, *1 Greek for Beginners*. **Doggielogues** is a bilingual supplement with various stories using animals as catalysts for reading and learning and is most suitable for adults! The topics and language used will be more challenging as the stories and characters develop.
This is in response to the lack of suitable easy reading texts for adults with themes that suit older readers.

More volumes in this series Greek for Beginners to follow.

I Want to Learn Greek for Travel Study Guide COMING SOON!

Greek Alphabet & Word Cards
Suitable for children from 2 years old available now at www.hellenictheorembooks.com.au.

Helpful Resources
Free worksheet downloads and YouTube Teaching videos available through our website www.hellenictheorembooks.com.au

Online dictionary: (recommended)
wordreference.com

Other dictionaries: (recommended)
Oxford Pocket Modern Greek Dictionary by Stavropoulos.
Check Greek book sites for bilingual dictionaries, ie. Patakis etc.

GRAMMAR BOOK (Highly recommended)
A good Modern Greek grammar book in English that I recommend is *Greek, A Comprehensive Grammar* by David Holton, Peter Mackridge & Irene Philippaki-Warburton by Routledge publishers.

Ready for **ONLINE GREEK LESSONS**? Get in touch with Eleni via www.hellenictheorem.com.au to start your learning journey now!

BOOKS BY ELENI ELEFTERIAS

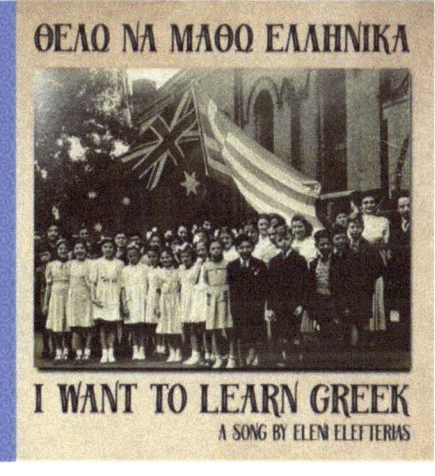

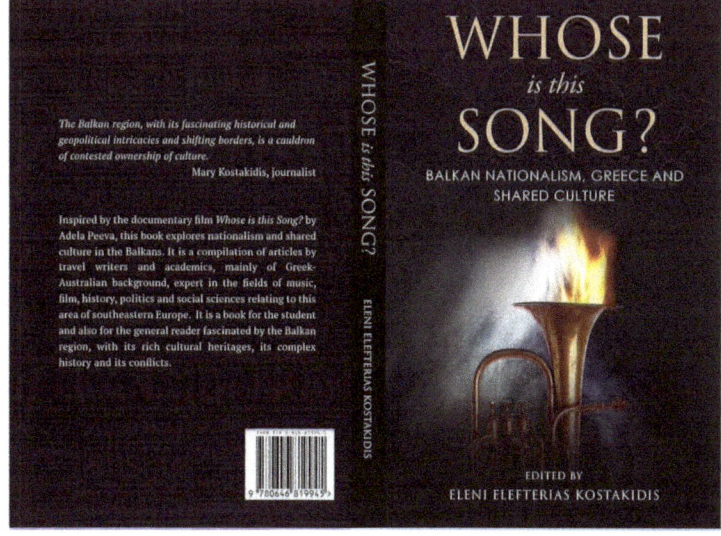

All available via
www.hellenictheorembooks.com.au

Hellenic Theorem Books

A Learning Journey

www.ingramcontent.com/pod-product-compliance
Lightning Source LLC
Chambersburg PA
CBHW061401070526
44583CB00026B/3233